당신의 간판은 돈을 벌어주고 있습니까?

좋은 기회가 가득한 세상이다.

당신이 가진 자원을 잘 활용하여 당신의 간판을 재정비하라.

그렇게 하면 사람과 부가 함께 따라올 것이다.

내가 보여준 모습이 나를 대변한다.

나는 행동으로 나를 보여줬고, 그들은 내가 보여준 모습을 믿고 신뢰했다.

생각만 하는 것은 필요 없다.

언제나 행동하는 것이 정답이다.

당신의 간판은 돈을 벌어주고 있습니까?

초 판 1쇄 2022년 08월 30일

지은이 김현상
펴낸이 류종렬

펴낸곳 미다스북스
총괄실장 명상완
책임편집 이다경
책임진행 김가영, 신은서, 임종익, 박유진

등록 2001년 3월 21일 제2001-000040호
주소 서울시 마포구 양화로 133 서교타워 711호
전화 02) 322-7802~3
팩스 02) 6007-1845
블로그 http://blog.naver.com/midasbooks
전자주소 midasbooks@hanmail.net
페이스북 https://www.facebook.com/midasbooks425
인스타그램 https://www.instagram.com/midasbooks

© 김현상, 미다스북스 2022, *Printed in Korea*.

ISBN 979-11-6910-054-0 03320

값 17,500원

대한민국 간판기업 CEO 김현상이 안내하는
부와 행복의 법칙!

당신의 간판은 돈을 벌어주고 있습니까?

김현상 지음

BRANDING

미다스북스

추천사

저는 제 이름을 걸고 추천사를 쓸 때 반드시 원고를 전부 읽고, 다른 사람에게 추천할 만한 책이라고 판단할 때만 추천사를 쓴다는 원칙을 지켜왔습니다. 김현상 대표님은 BNI 코리아 멤버로 수년간 활약하고 계시고, 무리해 보이는 저의 제안을 기꺼이 수용하셔서 비지터 초대 BNI 세계 기록까지 달성하셨던 깊은 인연을 저와 맺고 있습니다. 하지만 단지 그 이유 때문에만 추천사를 쓴 것은 아닙니다.

저는 이 책의 제목만 보고, 간판과 상관 없는 사람들에게 무슨 도움이 될까 하는 생각으로 책을 읽기 시작했습니다. 그러나 책을 다 읽은 지금, 김현상이라는 한 사람이 정말 단단하게, 치열하게 살아온 삶의 기록과 성찰은 제 마음 속에 뜨거운 무언가를 남겼습니다. '아, 삶은 이렇게 밀도 있게 살아야 재미있지. 이 사람 정말 멋있다. 나도 이렇게 살아야지. 이 책을 읽고 더 많은 사람들이 자기 삶을 저자처럼 뜨겁게 살았으면 좋겠다' 같은 바람이 일었습니다.

BNI는 기버스 게인(Giver's gain), 주는 사람들이 얻는다는 단순하지만 심오한 철학에 바탕해 세상의 비즈니스 방법을 바꾸는 멋진 커뮤니티입니다. 한국 최대의 중소기업 협업 커뮤니티인 BNI 코리아에서 간판 사업을 하는 저자는 여러 의미로 간판 스타입니다. 자신의 업에서 고객을 감동시킬 수 있는 실력을 갖추고, 다른 사람의 문제 해결에 기여하고 싶다는 아름다운 마음으로 사람들을 연결하며 자신의 사업 성장을 이뤄가고 있습니다. 저자 같은 사업가가 만 명, 십만 명 더 나온다면 우리 사회는 지금보다 훨씬 더 살 만하고 아름답게 될 것입니다.

| 존 윤 (BNI 코리아 대표이사, 뉴욕주 변호사)

20여 년 전 내가 직장 상사로서 만난 김현상 대표는 고생 한 번 않고 자란 귀공자 타입의 멋지고도 세련된 그리고 매너 있는 청년이었다. 그래서 그를 좋아했다. 특히 당시엔 남자 디자이너가 귀한 때라 꽤 특별한 일을 택한, 세상의 변화를 읽을 줄 아는 사람이라고 생각했다. 나중에 의외로 이 생각 중 하나가 틀렸다는 걸 알게 됐다. 고생 않고 컸을 거란 생각. 알고 보니 그는 평범한 가정에서 태어나 막노동에서부터 어려운 영업직까지 세상의 온갖 어려운 일을 다 경험한 사람이었다. 그럼에도 불구하고 그는 천성을 잘 유지하며 끈기 있는 노력으로 세상의 변화와 도전에 매우 창조적으로 응전해왔다.

확실히 그에겐 변화를 읽는 눈이 있다. 세상살이의 쓴 경험들을 통해 축적한 선별안이다. 기회를 발견하면 그걸 잘 잡았고, 그걸 성공시키기 위해 남다른 노력을 했다. 짧은 직장생활 이후에 스스로 창업한 회사를 오랜 시간 큰 문제 없이 운영하는 리더십을 보여줬다. 그 결과 그는 한국의 간판 업계에서 일가를 이뤘다. 곧 창립 20주년을 맞이하는 돋보이는 회사를 그의 성공의 증표로 보아도 별 문제가 없을 것이다.

이 책엔 그야말로 아무 것도 없이 시작해서 한 분야의 리더가 된 회사를 만들어내기까지의 성공하는 방법이 있다. 그 과정이 유연한 필체로 낱낱이 기록되어 있는데 심지어 재미있기까지 하다. 그래서 현재의 어려운 경제 환경에서 갈 길을 찾지 못하는 젊은이들에게 이 책을 권한다. 읽다 보면 저절로 성공으로 향한 지름길을 찾게 될 것이다.

| 박순백 (수필가, 언론학 박사, 전 한컴 부사장)

'산을 만나면 길을 만들고, 물을 만나면 다리를 놓을 사람'

김현상 작가에 대한 평소 인물평이다. 페이스북에 연재한 자전적 글을 읽으면서 적절한 표현이구나 했다. 글을 읽는 내내 제한된 페친만 읽기엔 밀도가 높은 이야기라는 생각을 했다. 책으로 나오면 좋겠다 생각했었는데 그의 첫 출간이 기쁘다. 그 덤으로 책에 추천사까지, 영광이다.

소통의 속도가 빨라지면서 문제도 빨리 전달되고 좌절과 절망도 빠르다. 필자가 문제에 직면하고 행동하는 이야기 속에서 내 앞에 온 문제에 직면할 힘을 얻는다. 아울러 그 문제에 직면했을 때 두려움 뒤로 회피하기보다는 그 해결을 위해 행동하는 용기에 한 발 다가가게 된다.

지금 직면한 문제 해결을 위해 용기가 필요하거나 실패 후 위로와 격려가 필요한 분들에게 강추한다. '김현상' 간판은 용기와 위로, 격려의 다른 이름이다.

| 김현성 (중소기업유통센터 상임이사, 전 서울시 디지털 보좌관)

그의 글을 읽어내려가는 중에 피카소가 남긴 글이 떠올랐다.

"나는 언제나 내가 하지 못하는 것을 해보려고 노력했다. 그래서 모르는 것을 할 수 있게 되길 바랐다."

벌써 그의 나이도 50대인데 끊임없이 노력하고 있는 모습에 후배이고 동생이지만 그를 존경한다. 인간은 삶을 살아가면서 어떤 형태로든, 누군가와 혹은 무엇인가와 관계를 형성하고, 영향을 주고받게 된다. 그의 글은 내게 나를 다시 돌아보는 시간을 주었고 50대의 삶의 이유를 생각하고 고민할 수 있게 만들었다. 항상 치열한 경쟁 사회에서 다른 사람보다 뛰어나지 않아도 행복할 수 있음을 그리고 미소 지을 수 있음을…….

| 박상수 (조각가, 대한민국을 빛낸 10인 대상 수상)

'아이와 같은 호기심으로 세상과 당당하게 맞서는 사람, 김현상'

생성과 증발이 급속하게 교차되어가는 현대 산업의 생태계에서 호기롭게 지속 가능한 사업으로 만들어가는 사업가이자 작가인 김현상 대표를 책을 통해 만나니 새삼 반갑다! 이 책은 진정한 나를 만나게 하고, 세상을 나답게 살아가는 행복한 길잡이가 되어줄 것이다.

| 조용진 (그린나라 대표, 서울시 해치, 삼성생명 비추미, 오리온 고래밥, 해태 홈 런볼 캐릭터 등 다수 개발)

이미 그에게 의뢰한 병원 간판 덕분에 매출 급증이라는 신기한 현상을 경험한 나에게 이 책은 내 인생 간판까지 의뢰하게 유혹한다. 잘생기고 반듯한 외모만큼 멋진 간판을 쑥쑥 만들어내는 그를 보며 늘 부러워만 했는데 이 책을 보며 '세상엔 그냥 되는 일이 없구나'를 또 배우게 된다.

| 박철수 (강남 링클성형외과/피부과 대표원장)

반듯한 외모에 아나운서같이 좋은 목소리를 갖고 있는 그가 이토록 멋진 인생을 살아왔는지를 알고 깜짝 놀랐다. 십여 년을 만났지만 늘 한결같이 먼저 베풀고 남을 배려하는 그의 인성에 '아~ 역시 그럴 만하구나' 하는 그의 남다른 노력과 희생이 더욱 매력적으로 다가왔다. 50대의 남자도 이렇게 멋지고 섹시할 수 있다는 걸 보여주는 멋진 사례이다. 앞으로도 평생 좋은 인연으로 남아 비즈니스로도 인간적으로도 서로 자극이 되는 멋진 친구가 되길 진심으로 바란다.

| 유혜전 (미스터그룹 대표)

10년 전, 운영하던 매장의 후기를 블로그에 정성껏 작성해준 손님이 계셨다. 진심을 담은 글에 감동을 받은 나는 감사 인사를 드리고 싶었다. 그렇게 김 대표와 인연이 닿았다. 10년이라는 세월 동안 내가 겪은 김 대표는 일에 있어서 대충이 없다. 아무리 바빠도 현장에 방문해서 구석구석 체크하고, 누구보다 매장에 애정을 쏟으며 꼼꼼히 챙긴다. 이것이 김 대표가 지금의 자리까지 오를 수 있게 된 이유인 것 같다.

이제는 현장을 떠나 편하게 지시하며 일할 수도 있을 텐데 지금도 김 대표가 발로 뛰며 현장을 누비는 이유는 현장에 답이 있다는 걸 알기 때문은 아닐까. 10년이면 강산도 변한다지만 그의 일에 대한 열정만큼은 언제나 한결같다. 일에 있어 진심을 다하는 그를 나는 '진정한 간판쟁이'라고 부르고 싶다.

| 박진일 (9라파 컴퍼니 대표)

그를 만난 지는 대략 14년쯤 된 것 같다. 털털하고 소박하고 정 많은 사람, 하지만 항상 생각하고 바로 행동에 옮기는 사람 김현상. 무엇이 중요한지, 무엇이 상대에게 현재 중요한지 아는 사람 김현상. 항상 고객의 입장에서 뜨거운 열정과 자신감으로 고객을 리딩하는 가슴 뜨거운 남자 김현상. 꿈 연료를 태워가며 하루하루 몸소 삶의 의미를 차곡차곡 쌓아가는 그의 모습을 곁에서 보면 어느 순간 빛바랜 나의 모습을 추스르게 된다. 보다 더 멋진 한 걸음으로 힘찬 내일의 꿈을 향해 멋지게 도약하길 응원한다.

| 김종세 (우쏘 대표, 현 '우쭈쭈마이펫' 아빠, 전 '뽀로로', '타요' 삼촌)

이 책은 기업인으로 성공한 김현상 대표가 대학에서 군대로, 직장으로 경험치를 쌓으며 다른 이들과 다른 문제 해결 방식으로 자신만의 직업을 찾은 30년간의 좌충우돌 인생 스토리이다.

인생을 바꾸기 위해 거창하게 무언가를 하기보다는 당장 앞에 펼쳐진 문제부터 해결했다. 자신의 앞에 펼쳐진 문제를 단순하게 받아들이기보다는 어떻게 해결책을 찾을 수 있을지 고민하고 노력하며 실천하여 지금까지 왔다. 많은 분들께 이 책은 인생의 지표가 될 것이다.

| 홍순성 (홍스랩 대표, 스토리 영상 작가)

나는 오늘도 도전한다

책을 쓰고 싶다는 꿈을 가졌던 20여 년 전의 기억이 떠오른다.

기약도 없는 한낱 꿈일 뿐이었는데, 그 꿈을 이뤄줄 귀인을 만나고부터 글이라는 것을 써보기 시작했다. 이런 글쓰기가 처음이었던지라 짧은 글 올리기에 익숙했던 SNS 플랫폼을 통하여 이야기를 풀어놓다 보니 은연중에 꽤 많은 독자가 생기게 되었고, 그것을 계기로 책 출간을 결심하기까지 오랜 시간이 걸리지 않았다.

철없었지만 꿈 많았던 청년이 어느덧 오십대의 아저씨가 되었다.

내가 경험했던 그간의 이야기들을 모아 한 권의 책으로 엮어보니, 나를 관통하는 단 하나의 키워드는 '도전'이라는 단어였다.

지금, 이 책 쓰기마저도 나에게는 큰 도전이고, 처음엔 두렵고 어려워 보였지만 작게라도 도전하다 보니 길이 점차 보이게 되었다. 내가 걸어온 발자국이 누군가에게 길잡이가 된다면 또 다른 보람이지 않을까 생각해본다.

이 책이 나오기까지 용기와 함께 방법을 알려주신 이승열 작가께 큰 감사를 드리며, 함께 책 쓰기에 도전한 북 메이킹 동료 유건우, 윤재춘,

이한영 예비 작가께도 감사와 응원을 드린다.

매일 새벽을 함께 여는 얼리버드 클럽 회원들이 없었다면 내게 이런 도전도 없었을 것이다.

나의 인생을 송두리째 바꿔준 세계적인 인맥 모임 BNI에서 세계 기록을 세울 수 있게 이끌어준 BNI 코리아 존 윤 대표와 이 멋진 모임에 나를 초대해준 이종민 대표께도 깊은 감사를 드린다. 그리고 이곳에서 다시 활동할 기회를 열어준 이정화, 박진영 대표, 언제나 나의 든든한 버팀목이 되어 주는 든든한 BNI 더강남 챕터 멤버들과 1,800여 명의 BNI 멤버 한 분 한 분이 소중하다.

매일 격려와 조언을 아끼지 않는 사랑하는 나의 이수파 모임 박철수, 윤정진, 권윤일 원장님과 김은정, 천민경, 정대인, 당현미, 레나, 권미영 대표도 내게 특별하다.

과거 IT 회사에서부터 인생의 나침반이 되어주신 박순백 박사님께 언제나 영감을 얻었음에 감사드리며, 트위터 초기에 인연을 맺고 지금까지 조언을 아끼지 않는 친구 현성, 블로그로 인연이 되어 현재까지도 큰 도움을 주는 박진일 대표, 신뢰로 큰 소개를 연결해준 국내 최고 캐릭터 회사 조용진 대표, 먼저 책을 쓴 작가로서 조언을 주고 있는 이수진 대표, 음양으로 도움을 아끼지 않는 김미선 대표, 의리의 남자 문의식 차장, 항상 좋은 일을 연결해주는 박진희 실장, 유쾌하고 실력 있는 화대원 원장, 내가 너무나 좋아하는 박상수 조각가 등 많은 분의 도움이 헤아릴 수 없이 많다.

무엇보다 디자인조이 식구들 덕분에 이 책을 쓸 수 있게 되었음에 감사한다.

나를 지지해주는 페이스북 친구분들 덕에 용기를 얻어 이렇게 책으로 나오게 되니 신기하다.

마지막으로 오늘의 내가 있도록 다양한 경험을 할 수 있게 언제나 지지해주신 사랑하는 아버지와 어머니께 감사드리며, 집안에서 먼저 책을 낸 작가이자 친동생들 현근, 영진의 조언도 큰 도움이 되었다.

누구보다 가장 사랑하는 가족들, 인생의 동반자이자 아내 원희, 소중한 아들 세진과 딸 세아에게 사랑을 가득 담아 마음을 전한다.

이 책은 앞으로도 나의 삶에 지침서가 될 것이며, 때론 어렵고 힘든 일에 직면하게 될 다른 분들께도 용기와 도전을 드릴 수 있는 책이 되길 바란다.

부족한 글을 책으로 펴내기까지 물심양면 도움을 아끼지 않으신 미다스북스 대표님과 임직원들께 깊은 감사를 드린다.

"행복은 결과가 아니라 과정이다."

이것을 마음에 담고 산다면 모든 판단에서 우선순위는 지금 행복하게 사는 것이 될 것이다. 이 책을 읽고 단 한 명이라도 행복해질 용기를 얻는다면 그 무엇보다 보람이 있을 것이다.

2022년 여름

아직도 꿈을 꾸는 김현상 Dream

CONTENTS

Part 1 넓은 세상을 경험하고, 나를 업그레이드하다

Part 4　작은 성취가 큰 성취를 낳는 법이다

Part 5 당신의 간판은 돈을 벌어주고 있는가?

BRANDING

넓은 세상을 경험하고, 나를 업그레이드하다

1

내 인생 큰 변화의 시작,
그 신호탄

딱 30년 된 이야기.

내 인생의 변화는 군에서 시작된 것 같다. 전문대학 통신학과에서 1학년을 마친 겨울방학 즈음, 또래 친구들과 달리 4년제 대학에 가지 못하여 나 홀로 자격지심에 빠져 있을 무렵이었다.

나는 무조건 군대를 해결해야 하는 건강한 1급 현역병 입영 대상이었다. 당시 단기사병(일명 방위)이라는 군 조직이 따로 있어서 지금의 공익요원처럼 동사무소를 출퇴근하며 군 생활을 마칠 수도 있었지만 내가 받은 체력검사 1급은 그런 기회조차 없었다.

3년 가까운 긴 군 생활 기간 때문에 오죽하면 18개월 동안 출퇴근하며 복무하면 되는 단기사병을 일명 장군의 아들, 6개월만 복무하면 되는 단기사병을 신의 아들이라고 했을까? 현역병 입영 대상은 어둠의 자식들이라 불리며 조롱거리가 되곤 했다.

　육군에서 나오는 입영통지서에 징집되어 끌려가고 싶지 않았던 나는 공군에 자원하여 시험을 보고 당당히 합격을 통보받게 된다. 공군 지원자들은 기본적인 필기시험 등을 거쳐야 했기에 떨어지는 사람들도 많던 시기였다.

　공군은 육군과 달리 자원입대이자 군 생활 기간이 길다. 1992년 당시 육군 복무기간은 26개월, 공군은 30개월하고도 15일이었다. 현재 육군이 18개월이니 그야말로 격세지감이 느껴지는 것이 사실이다. 과거 유행가 가사들처럼 군대는 3년이라는 긴 기간이었고, 젊은이들의 무덤이라 생각되었던 시기였지만 피할 수는 없었기에 자원입대가 정답이었다.

　육군에 비해 긴 군 생활이지만 휴가도 많고 편하다고 하여 공군에 자원하게 된 것이다. 또 하나 당시 공군은 약간 엘리트 같은 느낌도 있었기에 대학에 대한 자격지심이 있던 나의 유일한 선택지였다. 대학에 대한 자격지심이 생긴 것은 따로 얘기하도록 하겠다. 아무리 편하다고 해도 공군도 군대다. 입대 후 느낀 군대라는 조직은 의지와 상관없는 반강제적인 규율과 억압된 상황을 만들기 때문에 그 자체가 견디기 힘들었다.

　처음으로 부모님을 떠나 멀리 진주에서 받는 훈련소 하루하루가 지옥이었고, 입대하자마자 자원입대를 후회했었다. 공군 훈련소가 있는 진주는 같은 대한민국 하늘 아래지만 모든 게 낯설고 두려웠다.

생전 처음 경험해보는 훈련소에서의 혹독한 훈련과 단체생활의 시작.

새벽 기상에서부터 밥 먹는 시간 3분, 옷 갈아입는 시간 1분, 샤워 시간 3분 등 모든 것이 규율과 규제의 연속이었다.

당시 예민했던 나는 이 낯선 상황 속에서 2주간 화장실에 갈 수 없었고, 누군가 옆에 있으면 소변도 볼 수 없는 이상한 시기를 경험하기도 했다. 게다가 그 시기가 꽤 오래 간 것으로 기억한다. 그래도 훈련소는 같이 입대한 동기들만 생활하는 것이라 서로 의지하며 지낼 수 있었고, 6주라는 시간을 잘 버텨내며 남자로서 변신해가고 있었다.

공군은 자대 배치를 받으면 편하므로 훈련소가 엄청 고되다는 둥, 그 시간만 지나면 그 어떤 군대보다 편한 시간이 기다리고 있다는 둥, 동기들과 서로 위로하며 이야기했던 시간을 돌이켜보면, 힘든 시간 속에서도 끊임없이 희망을 찾는 것이 인간의 속성인 것 같다.

편한 군 생활을 꿈꾸고 자원한 공군이지만, 자대 배치된 곳은 멋진 전투기가 즐비한 공군 비행단이 아닌, 강원도 춘천의 한 첩첩산중이었다. 그야말로 상상과는 완전 다른 환경으로 들어가면서 절망감은 깊어졌다.

첫 자대 배치를 받던 날, 좌석조차 제대로 없는 군 트럭 적재함의 딱딱한 나무 벤치에 몸을 맡기고, 어두운 산길을 끊임없이 힘겹게 올라가던 미제 디젤 트럭의 거친 느낌을 지금도 잊을 수 없다.

알고 보니 내가 배치된 부대는 1991년에 지휘권이 육군에서 공군으로 이관된 지 얼마 되지 않은 방공포병대였다. 패트리어트 미사일이라고 들어 본 적이 있는가? 몇 년 전에 한창 쟁점이 되었던 고고도 미사일 요격 시스템인 사드(THAAD)의 전신이라 볼 수 있다. 적의 공습에 하늘을 지키는 패트리어트 비슷한 요격 미사일 부대였으니 하늘을 지킨다는 공군의 임무에 맞는다고 판단되어 공군으로 이관된 부대이다.

그런 이유로 당시엔 육군과 공군이 혼재된 부대였는데, 자대 배치 첫날 안내받은 곳은 50여 명이 함께 사용하는 정말로 거대한 내무반이었다. 요즘 군대처럼 겨우 몇 명이 함께 생활하는 생활관과는 차원이 완전히 다른 하나의 큰 공동체 느낌이었다.

어둠이 내린 컴컴한 산길을 내려가 희미한 불이 켜진 내무반에 안내받고, 처음 문이 열렸을 때 마주했던 끝이 보이지 않던 그 광활한 느낌과 공포감이 아직도 생생하다.

눈 앞에 펼쳐진 50여 명의 선임 중에 30여 명은 주황색 체육복을 입은 육군 고참들이었고, 나머지 20여 명은 그야말로 입대한 지 일 년이 되지 않은 파란색 체육복의 일병과 이등병의 공군들이었으니, 한마디로 졸병들만 즐비한 공군들의 주눅 든 표정들을 보는 순간 나의 군 생활은 꼬일 게 분명하단 느낌을 지울 수 없었다.

끝이 보이지 않는 기다란 내무반의 절반은 주황색, 절반은 파란색 체육복. 장관이라면 장관을 목격하는 동시에 암울한 진짜 군 생활의 시작이었다.

우울한 군 생활의 시작과는 다른 밝은 모습의 사진 – PX에서

2

첫 경험이 쏘아 올린 미래

갓 배치받은 이등병 시절의 유일한 휴식처는 쓰레기 소각장이었다. 산 꼭대기에서 쓰레기를 처리할 수 있는 거의 유일한 방법도 소각이었다.

졸병 시절에는 시간이 절대적으로 부족하고 개인 시간이란 있을 수 없기에 아침 청소 등을 마치면 쓰레기 처리를 위해 자연스레 소각장에서 모이게 된다.

비슷한 시기에 입대한 동기나 선후배들이 삼삼오오 모이는 소각장은 육군 고참들에게 받은 설움을 나누는 장소이자, 1~2개월 먼저 입대한 직속 선임들에게 얼차려를 받는 공간이기도 했다. 그 시기에는 정말 아무

것도 잘못한 게 없어도 맞아야 했고, 왜 맞아야 하는지도 몰랐고, 이해가 안 가는 일투성이지만 그게 군대였고 그게 군 생활이었다.

　그곳에서 다른 동기나 선후배들은 대부분 담배를 태웠지만, 담배를 피우지 않았던 나에게 그곳은 남들이 담배를 피우는 동안에 허벅지 양쪽 주머니에 구겨 넣은 건빵을 먹을 수 있는 행복한 공간이기도 했다. 그래서 건빵바지라고 불렸던 것인지는 알 수 없다. 달달한 것이 언제나 부족한 졸병 때는 건빵이나 초코파이 하나가 그렇게도 꿀맛이던 시절이었다.

　그러던 어느 날이었다.

　소각장에서 이것저것 정리하고 있는데 누군가가 나를 부르는 소리가 들려서 가보니 인사계님이었다. 우리 부대에서 마치 엄마 역할을 하는 상사님인데 이분이 인사계라는 직함을 가지고 계셨다. 카랑카랑한 성격에 부대 그 누구도 함부로 하지 못하는 실세 중의 실세였다.

“너 이리 와 봐.”
“예, 이병 김현상!”
관등성명을 외치며 인사계님 앞에 섰다.

“너 잘하는 거 뭐야?”
“차트 글씨와 그림을 좀 그립니다!!!”
쩌렁쩌렁하게 대답했다.

그림을 전공한 적은 없지만, 어릴 때부터 두 명의 남동생들과 그림 그리기 경쟁하면서 놀았던 터라 그림 그리기는 어느 정도 자신이 있었다. 사실 그림이라기보다는 만화에 가까운 것이었지만 그래도 최소한 그리는 것에 대한 두려움은 없었다.

"그럼 너 이거 만들어 봐."
다 낡은 '탄약고 안전수칙' 팻말이었다.

당시 군대는 요즘같이 성능 좋은 컴퓨터나 파워포인트(PPT)가 없던 시절이라, 모든 보고는 커다란 차트에 써서 한 장씩 넘기며 하던 시절이었다. 차트 글씨에 어느 정도 자신이 있었고 무언가를 만들기를 좋아했던 성격이었기 때문에 인사계님의 요청을 따르기 위하여 방법을 물어보고 실행에 옮겼다.

우선 부대 내의 목공 창고에 가면 목공 기술이 가능한 단기사병이 있었는데, 그와 함께 널빤지와 각목을 잘라 표지판 형태로 만들었다. 그렇게 간단하게 만든 표지판에 페인트를 칠하여 새하얀 팻말을 준비했다.

그런 후 두꺼운 도화지에 글씨를 도안하고 도려내어 그 공간에 페인트를 찍어 만드는 스텐실 형식의 팻말이었다. 사실, 이 작업은 내가 처음은 아니었고, 원래 작업을 담당했던 선임께서 노하우를 알려줬는데 그분이 제대를 앞두고 있어서 후임으로서 내가 당첨된 것이다.

깔끔하게 작업을 잘했었던 그 선임의 가르침에 따라 그날부터 군부대 내의 낡은 표지판들을 하나씩 바꾸기 시작했는데, 이것이 지금 내가 하는 간판업의 시초가 되었다.

군사보안으로 인해 해당 사진이 없기에 분위기를 그려봄

군대 시절의 이 경험이 없었더라면 지금 나의 진로는 또 다른 방향으로 나갈 수 있었을지도 모르겠다.

뭐든지 배워두면 그 경험은 반드시 쓸모가 있다.
인생에서 쓸모없는 경험은 없다.

그때는 몰랐지만 살면서 더 명확해진다.
나에게는 인생 명언인 것이다.

3

김일성 사망 사건을 겪으며,
나를 바꾸는 계기를 찾다

군에서 수십 개의 이런저런 픗말을 만들고, 간판 만들기에도 어느 정도 도통하게 되어 제대할 무렵인 1994년 여름 충격적인 일이 발생했다. 영원할 줄 알았던 북 절대 권력자 김일성의 사망 사건이 발생한 것이다.

전 군에 비상사태가 발생하고 모든 휴가가 집행 중지가 되었다. 나는 말년 휴가를 앞두고 있었는데, 그야말로 군 당국의 긴장은 최고조 상황이었다. 마치 곧 전쟁이 발발할 것 같은 최고의 비상상황이었다.

신문에 대문짝만하게 실렸던 김일성 사망사건 기사

　나는 당시에 전문대학 1학년을 마치고 입대했기에, 4년제 대학을 다니는 친구들과 비교하면 스펙 경쟁력이 부족하다고 생각했던 터라 나만의 경쟁력을 키우기 위해 선택한 것이 영어 공부였다. 마음만 먹는다면 자기 계발을 하기에 군대라는 환경은 나쁘지 않다. 특히 공군은 30개월이 넘기 때문에 계획만 잘 세운다면 영어 공부든 자격증 공부든 시간이 충분했다.

　나는 30개월 넘는 긴 군 생활 동안 매일 새벽 6시에 KBS 라디오에서 나오는 굿모닝팝스를 녹음하여 밤마다 몰래 들었었는데 당시 가장 유명한 진행자는 오성식 선생님이었다. 팝송을 통해 영어를 배운다는 콘셉트도 좋았지만, 영어뿐만 아니라 영어 문화권에 대한 설명을 자주 해줬었기 때문에 그 부분이 특히 좋았다. 오성식의 굿모닝팝스를 매일매일 듣다 보니 나도 모르게 영어 실력이 조금 성장했기에, 제대 후 맞이할 바깥세상의 기대감을 한창 키우고 있을 때였다.

그 무렵 일어난 김일성 사망 사건은 제대를 앞둔 나에게는 날벼락 같은 사건이었다. 정말 전쟁이 나는 것은 아닐까 초긴장 상태의 나날이 이어졌지만 정말 다행히도 극한 상황까지는 일어나지 않았다. 정말 다행이었다.

정말 유난히도 덥고 힘들었던 2004년 여름. 다행히도 김일성 사망 사건의 위기를 무사히 넘기고 꿈에 그리던 민간인의 자유를 얻게 되었다.

정말 길다면 길었던 30개월 15일 후 얻은 자유는 그야말로 달콤했다.

전역할 즈음 머리가 참 많이 길었던 공군 병장 13호봉의 모습

군 제대 후 2학년 복학까지는 약 5개월 남짓이 남아 있었다.

1989년에 해외여행 자율화가 되면서 특별한 사람들만 해외를 나갈 수 있었던 상황에서 일반인들도 해외여행의 길이 열리게 되었다.

이 당시 대학생들에게는 배낭 하나 달랑 메고 가는 유럽 배낭여행이 엄청난 인기를 끌고 있던 시기였다.

마침 중학교 때 친했던 친구와 유럽 배낭여행 이야기를 나누다가, 함께 여행을 해보기로 하고, 최대한 돈을 벌어 복학 전에 여행을 다녀오기로 결심했다.

방위로 단기 복무를 한 친구는 나와 군 입대 시기는 비슷했지만, 무려 1년이나 일찍 제대하여 호프집 아르바이트로 수백만 원을 모은 뒤였다. 단기 사병으로 복무했던 친구가 그렇게 부러울 수 없었다.

그렇지만 그것은 내가 어떻게 할 수 있던 것이 아니었으니 당시 상황에서 내가 할 수 있는 방법을 최대한 찾아야만 했다.

1994년 당시 일반 직장인 월급이 80만 원 수준이었기에 수백만 원은 큰돈이었다. 여행을 계획한 날짜는 다가오고 있었고, 어떻게든 여행자금으로 최소 250만 원 정도를 마련해야 했지만, 직장인이셨던 부모님께 지원을 받을 수 있는 형편도 아니었기에 돈을 모을 방법이라고는 음식점이나 호프집 등 서빙 아르바이트 또는 공사장 잡부 등 내가 할 수 있는 일은 극히 일부였다.

공사장 일당 잡부로 일을 하면 하루 3만 원을 받을 수 있었다. 당시 시급이 2천 원 정도의 수준이었으니 일당 3만 원이면 꽤 괜찮은 수준이었고, 한 달을 꾸준히 하면 1백만 원 가까이 모을 수 있을 것으로 판단했다. 그 후 잡부 일을 해보았는데, 새벽부터 일어나서 인력사무소 앞에 가더라도 일자리를 따내기도 쉽지 않았지만, 무엇보다 돈이 모이지 않았다. 매일 일당 3만 원을 받으면 인력사무소에 소개비 5천 원을 내놓아야 했다. 그러면 실제 가져가는 돈은 2만5천 원인데, 그마저도 지켜내기가 쉽지 않았다.

그 이유는 함께 인부로 일했던 아저씨들과 힘든 일을 마치고 소주 한 잔을 기울이게 되는데 거기서 또 몇 천 원을 지출할 수밖에 없었다.

결국, 2주 정도 일하고 손에 쥔 돈은 30만 원 남짓이었다.
몸은 몸대로 고되고 돈은 돈대로 모이지 않는 악순환이었다.
여행을 약속한 날짜가 두어 달 남짓 앞으로 다가오고 나는 다른 방법을 찾아야 했다.

다시 벼룩시장 등 구인광고를 뒤지기 시작했는데 고수익 보장 영업사원 모집이 눈에 띄었다. 그 광고를 보고 찾아간 강남 선릉역의 어느 빌딩 지하에서 인생 최초로 영업이라는 분야에 도전하게 되었다.
생소하면서도 설레는 일의 시작이었다.

내가 했던 일은 멤버십카드의 회원을 모집하는 일이었다. 회원 가입 시 회비가 무려 28만 원이었는데, 10년 동안 여러 가지 혜택을 받을 수 있는 특별한 멤버십 카드였다. 그런데 내가 받는 수당이 상당히 파격적이었다. 회원 한 사람 가입시킬 때마다 5만 원을 수당으로 준다기에, 제대한 지 얼마 안 되었을 시기라서 군인 정신으로 도전을 시작했다.

이 카드는 회원 가입을 하면 호텔, 콘도 등을 저렴하게 갈 수 있고, 레저를 즐길 때도 할인을 받을 수 있으며, 차량을 구매할 때도 최저가보다 할인을 받을 수 있는 디스카운트 멤버십 카드였다. 요즘 신용카드에는 기본적으로 있는 기능들이지만 당시에는 꽤 신선한 접근이었다. 오랜 시간이 지난 지금 생각해보면 사기에 가깝다고 생각되지만 나는 이 카드를 아버지께도 권했을 정도로 회사 상품에 대한 믿음이 있었다.

내가 확신이 없다면, 이 상품은 그 누구에게도 팔 수 없다.
당시의 내게는 그런 믿음이 있었다.

아버지에게도 권할 만큼의 자신감이 있었기에 나는 도전할 수 있었다.
하지만 이 비싼 상품을 가입시키기는 영업을 권유하던 사람들의 말처럼 쉽지는 않았다. 가입비 28만 원은 당시 직장인 월급의 1/3에 해당하는 엄청난 금액이기 때문이었다.

내가 선택한 영업 방식은 그야말로 무모하기 짝이 없었다. 별다른 영업기술이 없었기 때문이었는데, 혹시 영업 방식 중 하나인 '계단 타기'를 아시는가?
빌딩 최고층에 올라가서 모든 사무실을 두드리며 계단을 타고 내려오는 방식인데 모든 문을 두드린다는 게 정말 쉽지 않은 일이다. 특히 문 앞에 쓰여 있는 '잡상인 사절', 이 문구는 볼 때마다 적응이 되지 않았다.
당시에는 세콤이나 캡스 같은 출입통제 시설이 없었기 때문에 문 두드리고, 무조건 인사하고 하는 영업 방식이 가능했던 시기였으니 요즘과는 좀 다를 수밖에 없었지만, 무엇보다 용기는 꼭 필요했다.

내가 마음먹은 것은 딱 한 가지였다.
'하루 1건은 무조건 한다!'
나는 절박한 심정을 가지고 영업을 했다.
모든 사무실 문을 손으로 두드리고, 무작정 들이대는 영업은 매번 두려운 마음을 동반한다.
그 두려움을 이겨내고 계단 타기 영업을 펼친 결과는 놀라웠다.
단 두 달간 5백만 원 영업 실적 달성.
당시 직장인 6개월치 월급 정도를 두 달 만에 벌었다.

거의 모든 곳에서 들어가자마자 문전박대를 당했지만, 세상 모든 사람이 독한 것은 아니다.
순진한 모습의 어수룩한 청년이 밤늦게까지 불이 켜진 사무실들을 전전하며 영업을 다니니 나를 안쓰럽게 생각하는 분들도 계셨고, 그분들이 내 얘기를 들어 주셨다. 그리고 주위 동료들에게 소개도 해주셨다. 밤 9시까지 밥도 못 먹고, 실적은 한 건도 못 하고 그날의 목표를 채우기 위해 지친 모습으로 들어갔던 곳에서, 야근하던 분들이 한꺼번에 5건을 계약해주기도 했다.

그때 난 인생의 한 가지 소중한 법칙을 알게 되었다.

100명을 만나면 한 명 이상은 반드시 내 얘기를 들어준다는 것이었다.

영업은 머리로 하는 것이 아니다!

영업은 발로 하는 것이다!

내가 영업에 소질이 있음을 깨달은 동시에 더 큰 인생의 경험을 하나 추가했다.

영업은 확률 게임이다.

노력하지도 않고 안 된다고 하지 말자.

그 노력도 양이 중요하다.

가만히 앉아서 되는 일은 없다.

성공하고 싶다면 노력의 양을 채워보라, 그리고 움직여라.

4

넓은 세상을 경험하고,
나를 업그레이드하다

단기간 영업으로 당시에 큰돈을 벌게 된 나는 계획했던 대로 친구와 유럽 배낭여행을 다녀오게 되었다. 영국 런던으로 들어가서 프랑스 파리로 되돌아 나오는 40여 일간의 여정. 항공권을 티켓팅 하는 것부터, 유레일 패스를 끊는 것, 배낭여행자들의 숙소를 예약하는 것까지 모든 게 낯설었지만 기대감에 부풀어 있었다.

요즘이야 인터넷으로 모든 정보를 찾을 수 있지만, 당시에는 인터넷이 보급되기 전이라서 모든 정보는 여행 책자에 의존해야 했다.

준비는 어려웠어도 여행을 간다는 것에 대한 설렘은 대단했다.

그것도 인생 첫 해외여행.

난생처음 타보는 장거리 해외 노선은 13시간 이상의 비행에도 불구하고 모든 게 신기했다.

국적기는 비싸기에 선택했던 외국 항공사는 승무원과 영어로 대화해야 하므로, 군에서 새벽마다 일어나 열심히 공부해 둔 영어를 테스트해보는 재미도 있었다. 처음 맛보는 기내식, 처음 맛보는 라자냐, 모든 게 처음이었지만 좋았다. 특히 내가 번 돈으로 내가 직접 모든 걸 주도적으로 하고 있다는 성취감은 생각보다 컸다. 그런 설렘을 안고 도착한 영국 런던의 히드로 공항에 내려 처음 타본 영국 지하철(Tube)의 신기함. 낡은 건물에 처음 묵었던 낡은 숙소도 낯설었지만, 그 낯선 느낌이 좋았다. 영국의 고풍스러운 건물들의 아름다움에 반하고, 그 역사와 전통에 반하고, 유럽 배낭여행은 놀라움과 감탄의 연속이었다.

영국 버킹엄궁 근위병 교대식에서 만난 나의 우상 오성식 선생과 한 컷

영국의 버킹엄 궁전의 근위병 교대식에 갔을 때 나는 정말 깜짝 놀랐다. 몇 년 동안 영어 공부를 위해 매일 만났던 목소리의 주인공 오성식 선생님을 만났기 때문이다. 그야말로 연예인을 만난 것보다 더 기뻤다. 우연한 장소에서 나의 히어로(Hero)를 만났다는 게 너무 신기해서 함께 사진을 찍고 나니 배낭여행 오기를 참 잘했다는 생각에 행복했다.

여행지에서 가끔 마주치는 한국인 여행자들과 함께하는 시간도 좋았다.
대부분 대학생이었기 때문에 비슷한 또래들이어서 공감대도 좋았다.
짧은 기간이었지만 유럽 10개국을 돌고 나서 느낀 점이 많았다.
처음 경험한 해외여행이자 배낭여행을 통해 세 가지를 얻게 되었는데 다음과 같다.

1. 내가 여행을 좋아하는 사람이었구나! 나도 모르는 나의 성향을 알게 되었다.
2. 세상엔 정말 아름다운 곳이 많구나. 그동안 우물 안 개구리로 살아왔음을 알게 되었다.
3. 여행은 나를 알아가는 과정이다. 끊임없는 선택의 순간에 나 자신의 내면과 대화하는 법을 배우는 과정이다.

위 세 가지를 통해 앞으로 더 많은 여행을 하기로 하고, 한국으로 돌아와서 새로운 도전을 위한 마음을 먹게 되는데, 그것은 바로 공부였다.

파리 배낭여행 중 뒤통수로 사진을 찍고 온 에펠탑

    대학에 들어가기 전까지는 학교 공부를 등한시했고, 노력해도 결과가 잘 나지 않아서 난 공부에 소질이 없다고 생각했었다. 그래서 4년제 대학 정규 입시에 낙방하고는 재수를 하지 않고 바로 전문대학에 입학했다.

    그래도 내가 다니던 대학은 국내에서 가장 유명한 전문대학에 속하는 곳이었고, 미래가 유망하다던 통신 분야를 전공하고 있었다. 요즘처럼 휴대폰 등 무선통신이 인기를 끌기 전이었지만 그래도 통신은 꽤 유망한 분야였기 때문에 산업 현장에서는 취업의 손길이 꽤 많을 때였다.

스위스 루체른 빈사의 사자상 앞에서 찍은 익살스런 포즈

내 동기들은 2학년 2학기 졸업반 때부터 모두 삼성전자 등 유수의 회사에 취직하기 시작했다. 돌이켜보면 그땐 취업이 참 잘되었던 호경기 시절이었다.

그렇게 취업이 잘되는 시기임에도 불구하고 나는 취업보다는 편입학 공부를 시작했는데, 당시에는 편입학 열풍이 대단했다. 그만큼 학벌을 높이기 위한 열망도 그 어느 때보다 높았던 시기가 아니었나 싶다.

4년제 대학에서 사정상 학교를 그만둔 학생들의 빈자리를 편입생으로 채우는 제도였는데, 결원이 발생해야 편입학 조건이 되기 때문에 뽑는 인원 자체가 많지 않았다. 보통 인기 있는 학과는 2~3명 모집에 수백 명이 지원하는데 합격하기가 바늘구멍 수준이었다.

예전에는 서울에 있는 4년제 대학에 들어가기가 꽤 어려웠으므로 정규 입시에 실패하면 재수를 하거나 전문대학을 가는 것이 일반적이었던 시절이었다. 그런데 한국 사회는 특성상 학벌 중심의 사회였고, 전문대학을 나오면 취업은 문제가 없을 수 있으나 개인의 자존감까지 높이기는 쉽지 않았다.

이른바 SKY라고 불리는 서울대, 연세대, 고려대 등 명문대 출신들은 부러움과 존중을 함께 받았다. 공부가 전부는 아니지만, 공부를 잘해서 명문대를 나오면 출세의 길이 어느 정도 열려 있었고, 대기업에 취업하여 탄탄한 미래를 보장받을 수도 있었다. 그땐 대기업에 취업하는 것이 이른바 성공의 길이었고, 의사나 변호사, 판사 등이 사회 지도층이라 불리는 시기였기에 좋은 대학에 들어가기 위한 공부는 필수 조건이었다.

지금도 대치동 학원가는 이런 조건을 위해 밤낮 안 가리고 공부하는 아이들로 불야성을 이루고 있는데 그것만이 정답인 시대는 이제 지나갔다고 생각한다.

그렇지만 그때 전문대학을 다니던 나는 딱히 학교를 내세울 수도 없었고, 조용히 뒷전에서 열등감을 느끼던 시절이었다. 막말로 좋은 대학을 다니지 못하면 루저 같은 기분을 느낄 수밖에 없었다.

군 제대 후 편입을 고민하던 시절

좋은 대학은 아니더라도 4년제 정규 대학을 다니고 싶었다.

전문대학 출신이라는 꼬리표가 그땐 왜 그렇게 부끄러웠는지 모르겠지만, 나는 나 자신의 열등감을 극복하고 싶었다. 그 시기의 고민은 딱 그랬다. 다행히도 아버지가 다니시던 회사에서 대학 학비가 지원되던 시기였기에, 부모님께서 학비에 대한 부담은 덜 느끼시는 듯했다.

군 제대 후 배낭여행까지 다녀온 후 넓은 세상을 보았던 나는 이제 정신 차리고 살고 싶었다. 전문대학 2학년 여름방학이 시작되자, 학과 동기들은 취업전선에 뛰어들었지만 나는 난생처음 진지하게 공부라는 것을 마주했다. 지금도 돌이켜보면 합격을 위해 내 인생 최초로 마음을 다해 공부했던 그 6개월을 잊을 수 없다. 다시 돌아가서 그렇게 하라고 해도 쉽지는 않을 것 같다.

새벽 5시에 일어나서 자정까지 학교 다니는 시간을 제외하고는 15분 단위로 계획을 세워 열심히 공부했던 시절이었고, 영어와 수학 등을 다시 공부하면서, 제대로 공부하는 맛을 느낀 시기이기도 했다.

그렇게 열심히 노력한 6개월의 결실이 있는 합격자 발표날이었다.

떨리는 마음으로 집어 든 전화기의 ARS를 통해 들려온 발표 결과는 감격스럽게도 합격이었다! 그것도 한 군데가 아닌 한양대 전자공학과, 경기대 전자공학과, 건국대 항공우주공학과 등 세 군데 모두 동시에 합격하였고, 세 군데 중에 골라갈 수 기쁨을 만끽하는 동시에 미래를 위한 진지한 선택을 해야 했다.

공군 출신으로 하늘을 좋아했던 나는 미련 없이 건국대학교 항공우주공학과를 선택하였고, 합격한 그날의 기쁜 순간을 지금도 잊지 못한다.

그때의 기쁨은 그때까지의 모든 성취의 기쁨을 더한 것보다 컸고, 그 감동은 꽤 오래 갔다.

인생은 작은 성취들이 모여 큰 성공의 발판을 마련하듯이, 편입학의 좁은 관문을 통과하며 나 자신에 대한 믿음을 높이는 계기가 되었다. 친구들은 삼성전자 등에 취업하여 돈을 벌고 있을 때, 나는 다시 학생의 자리를 선택했지만, 후회는 없었다.

모든 순간 선택은 내가 하는 것이다.
그리고 그 선택에 대해 후회는 하지 않아야 한다.
그것은 본인의 결정이기 때문이며 그만큼 선택은 신중해야 한다.

만약 그 선택이 잘못된 것이라도 해도 실망하지 말라.
항상 모든 선택이 최선일 수도 없고, 최선일 필요도 없다.
모든 선택에서는 얻는 것이 있기 때문이다. 얻은 것을 잘 간직하자.
그게 성공으로 가는 길이다.

5

공부가 그렇게 하기 싫더냐

대학 편입에 성공하여 어렵게 합격한 그 기쁨도 잠시였다.

항공우주공학과에서 기초 지식 없이 처음 배워보는 3학년 수업들은 생각보다도 너무 어려웠다. 게다가 모두 영어 원서로 공부해야 했기에 그 힘듦은 상상 이상이었다.

내가 이러려고 이 학과를 지원했나 싶을 만큼 학과 공부는 내게 매우 어려웠다. 그림 그리기를 좋아했던 나는 항공기 디자인 관련 분야가 있다면 공부하고 싶었지만 그런 것도 역시 공학적인 바탕이 없이는 힘들었기 때문에 기초 지식을 공부해야만 했지만 쉽지 않았다. 그렇게 학교 공부에 점점 흥미를 잃어갈 즈음, 나는 어려운 편입학에 성공한 선배로서 내가 다녔던 편입 학원에서 후배들에게 영어를 가르치며 조교로 아르바이트를 했었다. 편입에 성공한 선배로서 자부심은 물론 시간당 받는 급여는 꽤 괜찮았다.

학교 공부에는 한 학기 만에 이미 흥미를 잃었고, 여름방학이 되면서 일상을 탈출하고 싶었던 나는 모아둔 아르바이트 비용으로 결국 캐나다행 비행기 표를 끊게 된다. 목적지는 일단 유럽여행을 같이 했던 친구가 어학연수를 하고 있었던 캐나다 서쪽 밴쿠버로 정했다. 돌아올 비행기는 밴쿠버의 반대쪽인 토론토로 정하고 3주간 캐나다 일주를 훌쩍 떠나게 된다.

유럽 배낭여행 후 1년 반 만에 다시 일상을 탈출하여 느끼는 자유는 실로 엄청났다.

캐나다의 깨끗한 풍광과 로키산맥을 품은 아름다운 자연환경은 그야말로 장관이었고 나의 감성을 충분히 채워줄 수 있었다. 로키산맥 여행의 본거지 재스퍼, 동계올림픽을 개최했던 캘거리, 하계올림픽 개최지 몬트리올, 캐나다에서 만나는 작은 프랑스 퀘벡, 광활했던 나이아가라 폭포까지 3주간 홀로 밴쿠버에서 토론토까지 만끽한 여행의 자유는 그 어떤 것과도 바꿀 수 없는 소중한 경험치를 내게 선사했다.

이 여행 역시 부모님께 손을 벌리지 않고, 열심히 아르바이트해서 마련한 돈으로 다녀왔다. 당연히 그래야 한다고 생각했다. 성인이 될 때까지 바르게 키워주신 것에 대하여 보답은 못하더라도 부담은 드리면 안 된다고 생각했기 때문이다.

캐나다 종주 여행을 마치고 돌아온 나는 여행의 이끌림에 도저히 학업을 지속하기가 어려웠고 편입학 한 학기 만에 휴학하게 되었다. 3학년 2학기 수업을 한 달 정도 듣다가 곧 중간고사 시험을 앞둔 상황에서 급히 결정하게 된 것이다.

휴학하게 된 이유는 몇 가지가 있었다.

첫째, 기초 공학적 지식 없이 도저히 수업을 따라갈 수가 없었다.

둘째, 캐나다 여행의 후유증으로 또 다른 여행이 나를 자주 유혹했다.

셋째, 활동했던 영어 동호회에서 호주 워킹홀리데이를 추천받았다.

넷째, 모든 것에는 때가 있다는데 그때가 아니면 안 될 것 같았다.

그중에 세 번째 이유가 좀 컸다.

내가 당시에 활동했던 영어 동호회가 있었는데, 군대에서부터 듣던 오성식의 굿모닝팝스의 청취자들이 전국적으로 동호회를 만들어 활동하던 바로 그 시기였다.

나도 학교에 다니면서 가끔 굿모닝팝스 동호회에 나가기 시작했는데, 그중에 만난 학생 한 명의 직업이 해외여행 인솔자였다. 그 친구가 내게 적극적으로 호주 워킹홀리데이를 권했다. 기본적으로 영어가 좀 되던 내가 영어 실력을 키울 좋은 기회라는 것이다. 마침 학교 공부에도 흥미가 떨어진 데다가 그런 제안을 받으니 솔깃했다.

캐나다 로키산맥 배낭여행 중 아름다운 레이크 루이스

1996년은 한국과 호주가 처음으로 워킹홀리데이 협정을 맺은 원년이었다. 일해서 돈도 벌고 여행도 할 수 있는 획기적인 프로그램인 워킹홀리데이는 그야말로 나를 위해 존재하는 것 같았다.

역시 부모님의 도움 없이 가지고 있던 돈을 모두 털어 비행기 티켓을 마련했고, 두 달간의 어학학원 비용과 한 달간의 홈스테이 비용을 지불하고 호주의 북동쪽 케언즈(Cairns)로 날아가게 된다. 그때가 1996년 10월이었다.

한국이 가을에서 겨울로 들어갈 무렵이었지만 호주는 남반구라서 계절이 여름을 향해 가고 있었다. 우리나라가 위치한 북반구와 호주가 위치한 남반구는 계절이 반대이다.

호주 케언즈는 그레이트 배리어 리프(Great Barrier Reef)라고 하는 전 세계에서 가장 큰 산호초 군락을 보유하고 있던 관광지라서 스쿠버다이빙이나 스노클링의 성지였기 때문에 전 세계인이 사랑하는 여행지였다. 당시 아시아나항공의 직항이 있었고, 한국과 시차는 1시간에 불과했다. 계절은 반대지만 시차는 없어서 다행이었다.

또다시 설렘을 안고 비행기를 탄 지 약 8시간 후 케언즈에 내린 첫 느낌은 매우 덥고 습했다. 마치 우리나라의 한여름 습한 더위 그대로였다. 케언즈는 항상 여름인 도시였기에 언제나 여름 스포츠를 즐길 수 있었고, 그런 관광 산업이 발달한 곳이었다.

나는 여행만을 목적으로 온 것이 아니기에 숙소에 짐을 풀고 어학원을 안내받자마자 바로 일자리를 찾아 나섰다. 아르바이트로 모은 모든 돈을 투자해서 왔기에 수중에 겨우 28만 원가량의 400 호주 달러가 있을 뿐이었다.

다행히 한 달간 살 집과 어학원을 마련하고 왔지만, 며칠 안에 일자리를 구하지 못하면 미래를 장담할 수 없었다.

낯선 도시, 낯선 환경, 모든 것이 낯설었다.

앞으로 펼쳐질 새로운 날들에 대한 기대를 가득 안고 첫 호주의 밤이 깊어갔다.

6

28만 원으로 호주에서
1년 살아남기

한국에서 가져온 28만 원 정도의 생활비로는 며칠 버티지 못할 것 같았다. 하지만 호주까지 와서 음식점 접시 닦기나 과수 농장에서 과일 따기 등을 하고 싶지는 않았다.

어학원 방과 후 일자리를 찾아 나선 지 며칠 만에 운 좋게도 한국 면세점에 판매 아르바이트를 구할 수 있었다. 1층은 코리안 레스토랑이고 2층은 면세점이었는데, 당시 해외여행의 일반적인 패턴은 단체로 버스 관광으로 이동하고, 관광지 관람 후 함께 식당으로 이동하여 식사를 하는 것이었다. 식사가 끝나고 가이드가 면세점으로 안내하면 손님들은 한국

60 | 당신의 간판은 돈을 벌어주고 있습니까?

으로 가져갈 선물들을 그곳에서 구매하는 형태의 관광이었다.

나는 그분들께 제품을 판매하는 일을 맡기로 하고 면세점에 취직하게 된 것이다.

호주산 특산품인 로열젤리, 오팔(OPAL), 캥거루 가죽 등 한국에서는 구하기 힘든 제품들을 주로 판매했는데, 면세점이라고는 하지만 많은 커미션이 제품에 붙어 있어서 꽤 높은 가격을 받을 수밖에 없었다.

그래도 멀리 호주까지 신혼여행이나 효도 관광을 오신 분들이 한국에 빈손으로 돌아가기 쉽지 않았던 터라 그들의 심리를 잘 자극해서 높은 판매고를 올리던 시절이었다.

호주 특산품 보석 오팔(OPAL) 판매대

현지 여행사와 가이드는 많은 커미션을 받아야만 생활할 수 있었기에 면세점에 많은 판매를 종용하기도 했다. 지금 생각하면 비싼 제품을 구매하셨던 손님들께 미안하지만 나도 급여를 받기 위해서는 열심히 판매를 해야만 했었다. 이 커미션 제도가 지금은 많이 바뀌었다고는 하나 단체여행보다는 가급적 자유여행을 추천한다.

당시 나의 영어 이름은 한스(Hans)였다. 유럽여행 당시 내 이름 현상(Hyunsang)은 외국인들이 발음하기 어려우므로 한국(Hankook)에서 온 청년이란 의미로 사용하기 시작한 영어 이름이 바로 Han's다. 그렇게 영어 이름을 만든 뒤 현재까지도 잘 쓰고 있다.

호주에서 나를 채용하셨던 사장님(맨 우측)과 함께

그러던 어느 날 사장님께서 나를 부르셨다.

"한스, 이리 와 봐! 네가 제품 판매를 잘하니까 앞으로 매니저 역할을 좀 해줘야겠다. 또 내가 영어를 못 하니까 거래처와 통역도 좀 해주라."

영어를 거의 못 하시던 사장님은 영어를 좀 하던 내게 당시엔 파격적인 조건으로 매니저로 승진시켜 주셨다. (영어 못 하시는 사장님이 호주까지 와서 면세점과 한국식당을 차린 것은 그럴 만한 이유가 있었으나 공개하기는 어렵다.)

어찌 되었든 그때부터 월 급여 3,000불(96년 당시 한국 돈 210만 원 정도)의 고액을 받는 매니저 역할이 시작되었다. 당시 한국 직장인 급여가 100만 원이 안 될 때였으니 꽤 큰 금액이었다.

나는 그 뒤로도 매장을 위해 열심히 일했고, 어떤 때는 사장님과 시드니에 출장 가서 면세점 판매를 위한 오팔(OPAL) 보석 등 제품 매입을 도와 드리기도 했으며, 후임으로 들어온 아르바이트생 교육도 하고 약 4개월쯤 즐겁게 일을 했다.

면세점에서 함께 판매했던 직원들과 한 컷

워킹홀리데이는 말 그대로 일도 하고 홀리데이도 즐길 수 있는 프로그램이다. 그런 이유로 규정상 한 직장에서 3개월 이상 근무할 수 없었다. 아쉽지만 그곳을 떠나서 새로운 일자리를 알아보든지 아니면 다른 지역으로 일자리를 찾아 떠나든지 해야만 했다.

아무것도 없는 유학생을 받아 주시고 고액 급여를 주시며 저를 대해주셨던 사장님에 대한 고마움을 지금도 잊을 수 없다. 그 사장님은 지금 한국에 들어오셔서 다른 사업을 하고 계시지만 현재까지도 잘 연락하면서 지낸다.

면세점 일을 하며 모아둔 수백만 원을 가지고 나는 호주 내륙 여행을 시작하게 되었다. 좋은 사장님을 만나고 돈도 벌게 되어 운이 좋았지만, 그 운도 결국 내가 만드는 것이다.

나는 간절하게 일자리를 찾아 나섰고, 그 간절함이 좋은 결과를 가져왔다.
결핍이 있어야 간절함이 더해진다.
풍요로움으로 가득하면 간절함이 생길 동기가 부족하다.
지금 부족하고 결핍하더라도 그것을 좋은 기회로 생각해야 한다.
간절히 원하면 만물의 기운이 나를 위해 길을 열어준다.
그 법칙은 지금도 유용하다.
그걸 배웠던 소중한 4개월이었다.

7

나의 인생 직업을
시드니 뒷골목에서 마주하다

BRANDING

면세점을 그만두고 호주 일주 여행을 시작했다.

호주는 한국보다 약 80배나 큰 땅을 가지고 있으나, 동쪽 해안선 일부만 발전해 있고 나머지는 아웃백이라 불리는 척박한 곳이다. 국내 프랜차이즈인 아웃백스테이크하우스도 호주 아웃백의 콘셉트를 딴 것이다.

호주 동부 해안선 쪽에 우리가 익히 아는 유명한 도시들이 모두 몰려 있다. 호주의 대표 도시 시드니(Sydney)가 남동쪽에 있고, 그 아래에 살기 좋은 도시 멜버른(Melbourne)이 있다. 그리고 호주 동쪽에도 매우 살기 좋은 도시인 브리즈번(Brisbane)과 골드코스트(Gold Coast)가 있다. 모두 바다를 끼고 있는 아름다운 도시들이다.

몇 달간 일해서 모은 돈으로 나는 이 아름다운 도시들보다 먼저 다른 곳을 여행지로 택했다. 처음으로 간 곳은 호주 아웃백의 정점이자 울룰루(Uluru)라 불리는 에어즈 락(Ayers Rock) 여행이었다.

에어즈 락은 거대한 하나의 바위로 이루어진 돌산이었다. 호주의 초대 수상인 헨리 에어즈(Henry Ayers)의 이름을 따서 에어즈 락이라 불렸지만, 호주 원주민이 소송을 통해 이름을 되찾은 뒤로는 다시 '울룰루'라 불리게 되었다.

광활한 사막에 우뚝 솟은 바위산은 수 킬로미터 전부터 보였고 가까이 갈수록 그 웅장함이 그야말로 장관이었다. 특히 해 질 무렵 신성한 모습은 감탄을 불러일으켰다. 게다가 그곳은 호주 원주민의 성지였고 신성한 장소였다.

호주에 원래 살고 있던 원주민은 애버리지니(Aborigine)라고 불렸는데, 호주가 영국의 식민지 시절 유배지로 사용되면서 영국 사람들이 점점 원주민의 설 자리를 빼앗아갔다. 미국인들이 인디언들의 자리를 빼앗았듯 말이다.

원주민인 애버리지니는 지금도 별다른 직업 없이 호주 정부의 보조금을 받아 살고 있으니, 그들에게 호주인들은 침략자이자 외지인일 뿐이었다. 그런 그들의 성지인 울룰루를 돌아보고 호주라는 나라의 근원에 대

울룰루 – 호주 원주민의 성지인 큰 바위산이 뒤에 보인다

해 생각해보는 계기가 되었다. 그렇지만 너무나 덥고 건조한 환경과 강한 자외선 때문에 여행 며칠 만에 나는 자외선으로 인한 피부 건조증에 상당한 고통을 받게 되었다. 만약 다시 여행을 간다고 하면 만반의 준비를 하고 가게 될 것 같다.

그래도 이때 울룰루를 다녀오지 못했다면 평생 다녀오기 힘들었을지

호주 원주민 애버리지니의 성지 울룰루 − 석양 무렵 변화무쌍한 색깔을 보여준다

도 모른다. 내게는 여행하며 느끼는 고통 또한 큰 즐거움이자 교훈이 되었다.

호주 중심의 사막지대인 울룰루를 장거리 버스로 통과하여 남부의 아름다운 도시 애들레이드(Adelaide)에도 약 한 달간 머무르며 편안한 시간을 가졌다. 애들레이드는 호주의 가장 유명한 와이너리(포도주 양조장)가 즐비한 곳이었다.

애들레이드에 머무르며 편안한 휴식기를 보내고, 호주에서 가장 살기 좋다는 멜버른을 거쳐 드디어 호주 최대의 도시 시드니에 도착했다. 사람들은 시드니가 호주의 수도라고 알고 있는 경우가 많지만, 호주의 수도는 캔버라라는 작은 계획도시다. 현재 한국의 세종시 같은 곳인데 아쉽게도 캔버라는 가보지 못했다.

두세 달간의 여행으로 가진 돈이 바닥나기 시작하면서 다시 일자리를 잡아야만 했다.

처음 도착한 시드니는 다른 도시들과 달리 활기가 넘치고 복잡했다.

시내에서 가장 복잡하지만 저렴한 백패커 숙소는 킹스크로스라 불리는 번화가 중심에 있었다. 하루 1만 원 정도의 숙소는 그야말로 위생 상태나 침대 컨디션은 최악이었다. 최대한 외부에 있다가 느지막이 들어가서 피곤한 몸만 누일 뿐이었다.

킹스크로스는 한국인들 사이에서는 우스갯소리로 왕십리라 불렸다.

이곳 시드니의 왕십리에 수많은 술집과 스트립쇼를 하는 곳이 있었으니 그야말로 호기심 많은 내게는 두 눈이 휘둥그레지는 장소였다.

　스트립 바는 초저녁엔 약 1만 원 정도의 입장료를 받았는데, 자정이 넘어 손님이 뜸할 때 가면 무료입장의 혜택을 얻을 수 있었다. 무료 쇼를 보며 즐기는 맥주 한 잔은 돈이 부족한 여행자에게는 꽤 흥미로운 구경거리였다.

　낮에는 일자리를 구하러 다니고 밤엔 스트립쇼를 구경 다니면서 스트립 바 매니아가 되다 보니 그것도 이내 식상하기 시작했다. 역시 무언가에 익숙해진다는 것은 그 자체로 편안함을 느끼는 단계이지만 설렘의 기대감은 없다는 뜻이다.

　그렇게 며칠간 일자리를 알아보다가 눈에 번쩍 띈 곳이 있었으니 그것은 바로 간판 공장이었다. 그 공장에서 만드는 간판들은 맥도날드 등 유수의 프랜차이즈 간판과 카지노에 들어가는 화려한 간판들을 만들었는데 요즘처럼 모든 것을 컴퓨터로 하는 시대가 아니었고 수작업으로 거의 모든 것을 하다 보니 정교한 기술과 고도의 예술적 감각이 필요한 일이었다.

　말 그대로 종합 예술 같은 것이었고, 난 그 작업을 배워보고 싶었다.
　난 군대에서의 간판 제작 경험을 강조했고, 일손이 부족했던 그 회사에서 나는 호주에서의 두 번째 일을 시작하게 되었다.

휴일날 바람쐬러 나갔던 서퍼들의 천국 시드니 본다이 비치에서

시드니에서 새로운 일의 시작이었다.

그 간판 공장의 경험이 지금 하는 사업의 밑바탕이 된 것이다.

작은 경험들이 쌓여 더 큰 경험을 할 수 있게 해준다.

그래서 모든 것은 스스로 해보는 게 중요하다. 작은 일이라도 해보
다 보면 익숙해지고, 익숙해지면 그 일을 잘하게 된다. 잘하게 되면
인정을 받게 되고, 인정을 받게 되면 작은 성취감을 느끼게 된다. 작
은 성취를 계속 만들다 보면 어느덧 큰 성공에 이르는 길을 찾게 된
다. 그게 내가 생각하는 인생의 법칙이자 성공의 법칙이다.

8

호주 간판 공장에서
외국인 노동자로 살아남기

시드니의 중심가는 시청이 위치한 우리나라 서울역 같은 센트럴역 인근과 서큘러 키(Circular Quay : 선착장)라는 관광의 핵심 포인트가 있는 곳이다. 서큘라 키에는 그 유명한 오페라하우스가 있고 풍광이 아주 멋진 곳이라 가장 많은 관광객이 붐비는 곳이라 나도 기분 전환차 자주 찾곤 했다.

가장 중심지인 센트럴역과 단 한 정거장 거리에 레드 펀(Red fern)역이 있는데 그곳에 새 직장인 간판 공장이 있었다. 신기하게도 가장 중심지와 단 한 정거장이지만 이곳은 거의 할렘가 수준으로 낙후되었고 범죄도 자주 일어나는 외진 곳이었다.

　새로 출근한 시드니 간판 공장에서의 일은 생각보다 고되었다.

　내가 맡았던 업무는 동남아인 작업자들을 통솔하여 단순한 작업을 함께 처리하는 일이었다. 재료를 잘라서 작업이 가능한 크기로 만들거나 자재들을 정리하는 등 동남아인들에게 단순한 작업 등을 지시했다. 간판업은 호주에서도 기피 업종에 속하다 보니 호주인들보다는 외국인 노동자들이 인력의 빈자리를 메울 수밖에 없었는데 그게 나를 포함한 동남아인들이었다. 우리나라의 현재 인력 상황도 별반 다르지 않으니, 역시 소득 수준이 높아지면 힘든 일을 피하는 것은 당연하기 때문인가 싶다. 당시 호주의 소득 수준은 한국보다 높았기에 그 공장도 인력난을 해외 노동자의 인력으로 대체하고 있었다.

　간판 공장에서의 일은 역시 거친 편에 속했지만 나는 그 일들이 재미있었고, 일이 좀 숙달되니 좀 더 어려운 작업으로 업그레이드되었다. 그 일은 에어 스프레이를 사용하여 간판을 페인트로 도색하는 일이었다. 자칫 실수가 있으면 간판을 통째로 버려야 하므로 매 작업을 신중히 처리해야 했다.

　군에서 2년 넘게 제작한 경험이 있었던지라 그 기술을 인정받아 한 달쯤 일했을 때 급여가 좀 인상되었다. 한국 돈으로 약 200만 원 정도를 받을 수 있었는데, 97년 당시 한국 임금과 비교하면 적지 않은 수준이었다.

그렇지만 나는 돈에 대한 목마름이 있어서 주말에도 추가로 돈을 벌고 싶었다. 돈을 딱히 쓸 데는 없었지만, 그냥 모을 요량이었다.

휴일을 즐기러 나선 시드니 인근 블루마운틴

교민 잡지를 통해 주말 동안만 할 수 있는 아르바이트를 찾았는데, 그 때 딱 눈에 들어오는 일거리가 있었다.

주말 3일 동안만 밤새 할 수 있는 일이었다. 금요일 퇴근하고 집에서 잠시 쉬다가 밤 9시에 출근하는 일이었는데 그 일을 통하여 나는 일주일에 7일을 일하는 풀타임 노동자를 자처했다.

내게 호주 하면 생각나는 잊을 수 없는 그 일을 소개한다.

9

나이트클럽 앞에서
핫도그 장사꾼이 되다

금요일 퇴근 후 밤이 되면 새로운 일이 시작되었다. 그것은 바로 나이트클럽 앞에서 핫도그를 구워서 파는 일이었다. 한국에서 파는 그런 핫도그가 아니고 빵 사이에 햄을 넣어 먹는 미국식 핫도그였다.

조리가 가능한 넓은 불판이 있는 이동식 기계를 제공받아 밤새 핫도그를 판매하고 판매 이익금의 일부를 인건비로 가져가는 것이었다. 기계를 제공하는 사장님은 여러 대의 기계를 보유하고 있었고 아르바이트생들은 시드니 각지의 나이트클럽 앞에 배치되어 밤새 일을 했다.

LPG 가스버너가 내장된 이동식 카트의 상판은 철판요리가 가능한 수준의 넓은 불판이었고, 여기에 소세지와 양파를 굽다가 손님이 오면 핫도그 빵에 잘 구워진 소세지와 양파를 올리고 원하는 소스를 뿌려주면 끝이다.

사장님은 햄버거 빵과 냉동 상태의 소세지와 양파를 제공해주었는데, 소세지와 양파는 조금 넉넉히 준비해주었지만, 빵의 개수로 판매량을 판단하기 때문에 아무리 배가 고파도 빵은 먹으면 안 되었다. 굽다가 실패한 소세지와 양파를 조금씩 집어먹으며 밤새 버텼던 시간이었다.

과거를 회상하며 그려본 핫도그 판매대

시드니 나이트클럽엔 안주를 팔지 않았다.

밤 9시가 넘으면 배고픈 청춘들이 하나둘씩 나의 핫도그 판매대 앞에 모이기 시작한다.

"하우 머치?"
"3달러!"

    난 간단하게 대답하고 소세지와 양파를 올려주며 어떤 소스를 뿌릴 것인지 묻는다. 간단한 일이었지만 손님이 몰리는 시간이면 무척 바빴다. 굽기 바쁘게 팔려나갈 때는 혼자서 진짜 정신이 없었다.
    새벽 3시 정도가 지나야 조금은 숨을 돌릴 수 있었는데, 새벽 5시 정도면 일이 마무리된다. 잘되는 나이트클럽 앞은 하루 200개 정도 팔렸고, 일반적인 곳은 보통 100개 정도가 팔리는데 잘 안 되는 나이트클럽은 5~60개가 팔리는 곳도 있었다.

    밤새 일이 마무리되면 정산을 했다. 판매 인건비는 1개당 1달러였다. 판매가격 3달러 중에서 2달러는 재료와 장비를 임대해준 사장님이 가져가고, 나는 1달러를 가져갔다. 잘 버는 날은 하루에 200달러 이상 벌었지만 시원찮은 곳은 5~60달러 벌 뿐이었다. 그렇다고 내가 장소 선택은 할 수 없었고 랜덤 배치였다. 잘되는 장소는 누구나 원하는 곳이기에 랜덤 배치가 공평했다. 그래도 주말 3일 동안 일해서 버는 아르바이트 비용으로는 꽤 짭짤했다. 한 달에 한국 돈으로 약 100만 원 정도의 추가 수입을 올릴 수 있었다.

    그렇다고 모든 게 순조로운 것은 아니었다. 밤새 혼자 일하는 것이라 외진 나이트클럽 앞은 위험할 때도 많았다. 술에 취한 흑인이 와서 굽던

주말에 쉬면서 맥주 한잔

소세지를 내팽개치는 등 시비를 걸기도 했고, 노점상은 불법이라 경찰의 단속이 있을 때는 카트를 끌고 골목길에 숨기도 했다. 무거운 카트를 끌고 골목길로 도망칠 때는 내가 마치 범죄자가 된 것 같은 생각도 들었다. 단지 열심히 살려고 하는 가난한 유학생이었을 뿐인데 말이다.

주중엔 간판 공장에서 일하고 주말 동안 밤새 핫도그를 구워 팔며 나의 젊음을 불태웠던 시간이었다. 고되었지만 정말로 소중했던 나의 청춘의 시간. 그때의 추억이 지금도 아련하게 떠오른다. 돈 주고도 살 수 없는 소중한 경험이었다. 그런 시간이 있었기에 지금의 단단한 내가 되지 않았나 자신을 스스로 위로해 본다.

누구에게나 빛나던 시절은 있다.
돈은 없어도, 마음만은 보석 같은 시간이었다.
그 경험들이 쌓여 오늘의 나를 만들었다고 믿어 의심치 않는다.

BRANDING

기회는 언제든
나도 모르게 온다

10

취업 자리가 모두 사라진,
슬픈 공대생의 IMF

월요일 새벽까지 핫도그를 팔고 다시 간판 공장으로 출근하던 그 시절의 경험은 그 무엇과도 바꿀 수 없는 소중한 경험이었다.

호주 워킹홀리데이를 무사히 마치고, 복학을 위해 한국으로 돌아와 지난 1년을 돌이켜보니, 겨우 28만 원 들고 가서 돈도 벌고 여행하고 건강하게 돌아왔으니 그야말로 나에겐 정말 값진 1년이었다.

이내 복학을 하고 이제는 학교 공부에도 나름대로 최선을 다하기 위하여 다시 마음을 잡고 공부를 시작했다. 당시 살던 집은 신도림역 근처였고, 학교는 건국대학교였기 때문에 거리상 통학에 걸리는 시간이 너무 아까웠다.

부모님께 말씀드리고 학교 후문 가까운 곳에 자취를 시작했다. 마침 호주에서 알게 된 동생 한 명이 건국대학교 상경대학을 다니고 있어서 함께 자취하기로 했다. 졸업하면 역시 취업을 해야 했기에 남은 기간 학생으로서의 본분을 다하는 게 맞다고 생각했고 나름대로 집과 도서관만을 오가며 열심히 공부했다. 떨어졌던 성적도 많이 올랐고 학점 관리도 잘해나가고 있었다.

IMF 주제로 만들어진 영화 '국가부도의 날' 포스터

그렇게 학교를 열심히 다니던 4학년 졸업 무렵이었다. 1997년 11월, IMF 외환위기가 발생한 것이다. 대학 졸업을 앞두고 그 누구도 겪지 못했던 한국의 경제난이 퍼져감과 동시에 취업 준비생들에게는 사형 선고와 다름없는 극심한 취업난을 겪게 되었다.

학생이라 IMF가 뭔지도 몰랐고, 그렇게 심각한 것인지도 알지 못했지만, 학교 성적이 최상

급은 아니었기에 당시 내가 취업할 곳이라고는 없었다. 특히 항공우주공학 졸업생의 취업 문은 더더욱 좁았다. 전공 분야로 갈 수 있는 곳은 자동차 회사들이나 기계공학 관련된 일부 회사들인데 내가 갈 수 있는 곳은 눈 씻고 찾아봐도 없었다. 오로지 사람을 뽑는 곳은 보험회사와 세일즈 영업직뿐이었다.

졸업 전 친구들과 함께한 스키캠프에서

전문대학 시절의 낮은 스펙을 개선하기 위해 어렵지 않았던 취업도 포기하고, 편입까지 했는데 IMF를 맞았으니 막막한 취업 현실에 앞날이 캄 캄했다.

그렇다고 아무것도 안 하고 놀 수는 없었다. 많은 동기들이 취업 한파에 대학원을 선택하여 학생의 신분을 연장하였으나, 나에게는 그럴 여유도 없었거니와 부모님께 손을 벌릴 수도 없었다. 대학원 학비는 아버지 회사에서 지원이 되지 않기 때문이기도 했고, 대학원 진학은 적성에도 맞지 않았다.

졸업 후 정면 돌파를 위해 첫 사회생활을 보험회사 영업으로 시작했다. 찬물, 더운물 가릴 처지는 아니었고 뭔가는 해야만 했다.
군 제대 후 짧은 영업 경험이 있었기에, 그나마 자신 있을 거라는 막연한 생각으로 선택했지만, 보험회사 영업은 생각보다 쉽지 않았고 예나 지금이나 많은 편견이 있는 직업이었다. 예전에 잠시 경험했던 멤버십 카드 영업 때는 새로운 형태의 개념이라, 열심히 발로 뛰면 내 얘기를 들어주는 사람도 있었지만, 보험은 이미 편견이 자리 잡은 직업군이라 그 선입견을 깨는 것은 생각보다 쉽지 않았다.

그럭저럭 인맥을 통해 근근이 영업을 이어갈 즈음 우연히 알게 된 새로운 아이템이 있었는데 그걸 잘하면 엄청난 성공을 할 수 있을 것 같았다. 보험회사 일을 하며, 새로 시작한 일이 있었으니, 그것은 바로 불황에 떠오르는 또 하나의 직업군, 바로 네트워크 마케팅이었다.

11

이거 하면 월 1천만 원
벌 수 있어요?

알고 보니 난 귀가 얇았다.

우연한 기회로 한 번 들었던 사업 설명회에서 바로 다단계라 불리는 네트워크 마케팅에 빠지게 되었다. 당시 한국에 상륙한 지 몇 년 되지 않았던 이 회사는 지금도 세계 최대의 회사이고, 지금도 많은 분이 진행하고 계시는 것으로 안다. 그것은 바로 네트워크 마케팅의 강자 암웨이였다.

사실 다단계(MLM)와 네트워크 마케팅(Network Marketing)은 다르다. 네트워크 마케팅의 개념은 빌 게이츠나 트럼프 전 미국 대통령도 자주 언급했을 만큼 정말로 뛰어난 개념이지만, 이걸 악용하면 다단계나 피라미드가 된다. 어쨌든 국내에서의 네트워크 마케팅의 인식은 다단계나 피라미드였다.

당시에 자석 담요 등을 피라미드 방식으로 판매하여 사회적으로 물의를 일으킨 사례도 많았고, 젊은 학생들을 합숙시키며 돈을 벌 수 있다고 세뇌 교육을 하는 등 이상한 회사들 때문에 피해를 본 사람들이 부지기수였기 때문에, 선의의 피해자가 속출했던 혼란의 시기이기도 했다. 당시 내가 보험회사 일을 하며 알게 된 암웨이 네트워크 마케팅은 그런 피라미드나 다단계가 아니라는 것을 강조하며 합법적인 마케팅이라고 지속해서 교육했다.

교대역 인근 지하 교육장에서 들었던 암웨이 마케팅의 사업 설명은 정말 신선했고, 뭔가 큰 꿈을 가지게 했다. 당장 회원 가입을 하고 그 사업을 알아보기 시작했는데, 당시 28살의 나이로 초롱초롱 교육을 듣던 내가 참 신기했던 모양이다. 많은 분이 격려해주었고, 덕분에 나는 한번 열심히 해보기로 마음먹었다.

내가 하고 있었던 보험회사 일과 암웨이 마케팅 일은 여러 면에서 닮아 있었다. 지속적인 교육이 필요했고, 끊임없는 사람 리크루팅도 필요했다. 보험회사도 항상 보험의 필요에 대해 교육을 했고, 새로운 사람을 추천하고 데려오는 게 중요한 업무였다. 그도 그럴 것이 보험이라는 것

암웨이 사업 당시 소감 발표

자체가 아무래도 가족이나 친척들 또는 친구들이 쉽게 가입을 해주는 편이었기 때문에 신규 입사자가 들어오면 몇 달간은 지인들 대상으로 어김없이 매출이 발생했기 때문이었다. 문제는 지속적인 보험 매출이 발생하지 않으면 퇴사나 이직을 하므로 끊임없는 사람 리크루팅이 필요했다.

보험이나 암웨이나 사람들의 편견이 많았으며, 자세한 얘기 없이 사람을 모셔오는 방법도 비슷했다. 자세히 얘기해버리면 아무도 선뜻 참여하지 않았기 때문이다.

어쨌든 그렇게 시작된 보험 일과 암웨이 사업의 병행.

대학 졸업 후 내가 가진 인맥이라고는 거의 없었던 시기였기에 나는 아버지의 인맥들을 찾아다니며 보험이며 암웨이 제품을 판매했다. 지금 생각해보면 사람 좋으셨던 아버지의 후광으로 나름대로 실적을 올릴 수 있었다. 그 부분은 지금도 감사한 부분이고, 아버지의 지인들께 감사하고 죄송한 마음도 가득하다.

이미 하기로 마음먹은 이상 밤낮을 가리지 않고 정말 열심히 했다.

교육을 들으면 정말로 부자가 될 것만 같았다.

그 누구보다 성공할 수 있을 것 같았다.

교육해주던 성공자의 말씀대로 월 1,000만 원을 벌 수 있을 것 같았다.

그들처럼 평생 여행 다니며 살 수 있을 것이라는 꿈을 놓지 않았다.

내가 그토록 원하던 여행 다니며 사는 꿈을 이뤄줄 것 같았다.

약 1년 가까이 누구보다 열심히 한 결과, 월 매출 1천만 원을 달성할 수 있었다. 모든 열정을 쏟아부었던 결과였다.

네트워크 마케팅은 복제 사업이다.

나 혼자 잘해서 되는 일이 아니었다. 간단하게 예를 들자면, 내가 열심히 공부해서 서울대를 갈 수는 있으나, 남을 나처럼 공부하게 하여 서울대 보내는 것은 차원이 다른 문제였다.

내가 혼자 열심히 해서 매출을 만들 수는 있겠지만, 나와 함께하는 파트너들을 잘 교육하여 매출을 지속해서 만들어 내기에는 쉽지 않다고 판단한 것이다.

1천만 원의 매출 달성 후 많은 축하를 받았지만, 나는 곰곰이 미래를 생각해보았다. 보험회사 일과 네트워크 마케팅 일을 평생 할 수 있을 것인지를….

평생 할 자신이 없었다.

깊은 고민 끝에 내린 결론은 다음과 같았다.

적은 월급으로도 안정적인 수입을 얻고 싶었다.

결국, 두 가지 일을 모두 하루아침에 그만두었고 내가 좋아하는 일이 뭘까 고민했다. 새로운 선택의 갈림길에서 고민의 밤이 깊어져 갔다.

• 네트워크 마케팅을 통해 얻은 것

1. 꿈을 가지게 되었다.
2. 교육이 중요하다.
3. 비전을 공유해야 한다.

그때 지갑 속에 적어서 간직한 꿈 리스트 중 대부분을
지금 돌아보니 거의 모두 다 이루었다.
당시에 가진 꿈은 전부 물질적인 것이었다.
좋은 차, 좋은 집 등등 갖고 싶은 것 투성이였다.

그 중 꼭 해보고 싶은 것이 책 출간이었다.
늦었지만 그 꿈을 지금 이루었다.
꿈! 조금 늦어도 좋다.
본인이 정말 이루고자 원하는 것을 꿈꾸어라.
꼭 이루어질 것이다.

12

늦은 나이는 없다,
29세 웹디자이너 도전기!

내 나이 스물아홉. 보험회사와 암웨이 네트워크 마케팅을 통해 얻은 것도 많았지만, 평생의 직업으로 가져가기에는 그 길이 순탄치 않을 것 같았다.

내가 가던 길을 잠시 멈추고 새로운 길을 찾아야 했다.

새로운 것을 손에 쥐려면 가지고 있는 것을 내려놓아야 한다.

나에게 다시 시간을 주고 싶었다.

뭘 하면 내가 잘할 수 있을까를 고민했다.

어릴 때부터 좋아하던 그림과 디자인을 해보고 싶었다.

늦은 나이에 다시 대학을 들어가거나 또다시 미술 대학으로의 편입은 시간 낭비인 것 같아서 꼭 대학이 아니더라도 다른 방법이 없을까 찾아보니, 삼성SDS에서 운영하는 멀티캠퍼스라는 곳이 있었고, 디지털 콘텐츠 과정이 있었다. 누구나 입학할 수 있는 것은 아니었고 일정 시험을 통과 후에 입학할 수 있었다. 일반적인 학원이 아니라 6개월간 온종일 매달려 배워야 하는 수업이기 때문에 굳은 마음가짐이 필요했다.

난생처음 공부하는 포토샵과 일러스트레이터 등 디자인 관련 툴 등을 열심히 익혔다. 내가 원하던 분야는 웹디자인 분야였는데 미래가 꽤 유망하다고 생각했고, 내 것으로 만들기 위해 밤낮으로 열심히 했다. 6개월 후 수료를 위해 졸업 작품을 제출할 시기가 다가왔다. 첫 작품은 팀 작업으로 진행되었지만, 팀으로 짜인 멤버들이 머리를 맞대고 몇 날 며칠을 고민했다. 내가 메인 디자인을 맡았는데 첫 작품이 꽤나 근사하게 잘 나왔다.

당시 공공 기관들도 홈페이지가 없거나 아주 볼품이 없었는데 용산 전쟁기념관이 그러했다. 전쟁기념관 관장님께 우리가 홈페이지를 만들어 드리겠다고 했더니 무척 기뻐하셨다.

팀원들과 공식 홈페이지를 만들어 전쟁기념관에 납품하면서 첫 작품을 성공적으로 마무리할 수 있었다. 그 후로도 수년간은 내가 만든 홈페이지로 운영되었으니 그 뿌듯함은 기대 이상이었다.

졸업 작품을 성공적으로 마무리하면서 삼성 멀티캠퍼스를 수료하게 되었고, 이제 웹디자이너로 다시 태어나기 위해 일자리를 알아보았다.

그러나 현실의 벽은 녹록지 않았다. 29살의 디자인 비전공자 남자 신입 웹디자이너가 갈 수 있는 직장은 없었다. 우리나라는 학벌 사회라서 디자인 비전공자에게는 디자인 회사의 문턱은 높았고, 비전공자를 뽑는 회사나 구직의 기회 자체가 많지 않았다. 어려운 구직 생활 끝에 연봉 1,200만 원을 받기로 하고 임직원 3명의 작은 회사에 들어가게 되는데 그곳에서 어렵게 웹디자이너로서의 삶이 시작되었다.

뭔가를 시작하기에 물리적으로 늦은 나이는 있다고 다들 생각한다. 그러나 마음만 먹는다면 늦은 나이란 있을 수 없다.

일본의 시바타 도요 할머니는 92세에 처음으로 시 쓰기에 도전하여 98세에 나온 첫 시집 『약해지지 마』가 전 세계적으로 160만 부가 넘게 팔린 베스트셀러가 된 것을 기억하라.

늦었다고 생각하는 바로 지금 당장 시작하라.
시작하기에 늦은 나이란 없다.
남들이 다 시작하기에 늦었다고 말해도,
내 마음만 굳은 결심을 하고 있다면 문제될 것이 없다.

남들의 말에 너무 휘둘리지 말라.
내 인생을 대신 살아줄 것도 아니지 않은가?

내 인생은 내 것이다.
내가 원하는 대로 주체적인 내 삶을 만들자.
뭔가를 시작하기에 늦은 나이란 없다.
지금 도전하자.

웹디자이너가 되고 올라간 목포 유달산 정상에서 고민 가득한 모습

13

기회는 언제든 나도 모르게 온다,
그게 기회인 줄 모를 뿐

내가 웹디자이너로 취업한 회사는 디자인 회사가 아니었다. 임직원 3명의 작은 곳이었지만 회사의 목표와 꿈은 컸다. 수석 월드라고 불리는 수석 관련 플랫폼을 만들고자 했다. 사실 요즘 젊은 분들은 수석이라는 것이 뭔지 모르는 사람도 많을 테지만, 당시에는 수석 관련 마니아들이 좀 있었는데 그걸 활성화해보자는 것이었다.

수집의 끝판왕이 수석이라는 말이 있을 정도였는데, 한때는 강이나 바다를 돌아다니며 독특하게 생긴 돌을 주워서 장식용으로 쓰는 수석을 거래하는 곳이 꽤 많았다. 우리 집에도 몇 점의 수석이 있을 정도였으니 한 때를 풍미했던 취미로는 꽤 인기가 있던 아이템이었다. 그런 수석 취미 는 이미 내리막길을 걷고 있었고, 트렌드를 이끌만한 아이템은 아니었던 게 사실이다.

나는 10여 평의 작은 지하실에서 밤을 새워가며 홈페이지도 만들고 정 말 열심히 일했다. 맡은 바 책임은 다하는 스타일이기 때문에 한 달에 집 에 며칠 가지도 않고 열심히 했지만, 결과는 신통치 않았다. 이미 일반 대중들이 좋아하는 아이템이 아니었고, 그걸 대중화시키기에는 무리가 많았다. 하지만 회사 막내로서 나름대로 최선을 다해 열심히 일했다.

그때 세상은 새로운 밀레니엄을 맞이하고 있었는데, 우리나라는 IT 붐 을 타고 벤처 열풍이 뜨겁게 불고 있었다.

IT 벤처 기업들의 등장과 더불어 당시 가장 잘 나가는 사이트들이 있 었는데 다음, 야후, 네이버 등 포털 사이트들이 등장했다. 그중 단기간에 가장 핫하게 떠오른 곳이 있었는데 온라인에서 옛 동창생을 만날 수 있 게 해주는 커뮤니티 사이트. 바로 아이러브스쿨이었다.

그 인기가 급속도로 퍼지며 초등학교, 중학교 동창들을 십수 년 만에 만날 수 있는 장이 생긴 것이다. 실로 그 인기는 어마어마했다. 사이트를 통해 만나게 된 초등학교 동창생들의 바뀐 모습에 모두 놀라워했고, 어 릴 때 좋아했던 이성 친구의 모습에 설레기도 했다. 연락이 끊겼던 친구 들을 다시 만나는 재미는 생각보다 컸다.

그런데 한 가지 큰 문제가 있었다.

접속자가 대거 몰리다 보니 아이러브스쿨 접속은 언제나 너무나 느렸고 페이지 하나 열기가 힘들었다. 회사는 서버 확충을 계속해나가는 중이었다고 해도 접속자들의 불만은 점점 커져만 갔다. 페이지 하나를 열기 위해 몇 분씩 기다리는 것은 예사였고 그마저도 접속이 쉽지 않았다. 특히 웹디자이너인 내가 접속 지연으로 느끼는 불편은 매우 컸다.

어느 날 아이러브스쿨에 새로 접속한 친구의 얼굴을 기억해내기 위하여, 매번 집에 있는 초등학교와 중학교 졸업앨범을 뒤지다가 한 가지 아이디어가 떠올랐는데 그것을 실행에 옮기기로 했다. 그 아이디어가 불러온 반향은 나나 친구들에게 무척 컸다.

나는 그걸 바로 실행에 옮겼고, 그 결과는 실로 엄청났다.

생각만 하는 것은 중요치 않다.
뭐든 바로 실행하는 것이 중요하다.

그건 바로 기회였다.
지나고 나서야 알아차릴 뿐.
기회는 기회라고 이름표를 달고 오지 않는다.
나도 모르게 다가와서 지나고 보면 그게 기회였음을 알 뿐.
기회는 언제든 올 수 있다.
그걸 놓치지 않는 혜안을 가져야 한다.

2001년 아이러브스쿨을 통해 만난 초등학교 친구들과 엠티 가서 즐거운 한때

14

잘하면 내가 페이스북을
만들 수도 있었다

아이러브스쿨 접속 불량이 꽤 오랜 기간 이어지다 보니 동창생들끼리 소식을 접하기 쉽지 않았다. 오랜만에 연결된 친구들도 접속 불량 때문에 재접속을 꺼리기도 했다. 어떻게 하면 친구들이 편하게 접속할 수 있을까 고민 끝에 내가 할 수 있는 것을 실행해 보기로 했다. 웹디자이너인 내가 홈페이지를 따로 만들어서 이쪽으로 친구들을 불러 모으면 어떨까 하는 생각이 들었다.

게다가 하나 더, 친구들의 졸업 사진을 스캔하여 각 반별로 분류해서 넣으면 좀 더 수월하게 친구들 얼굴을 확인할 수 있지 않을까 하는 생각에 당장 실행해 옮겨 보았다. 낮엔 회사 일을 하고 밤엔 동창생 홈페이지를 만들었다.

며칠 만에 뚝딱 만들어진 홈페이지는 친구들을 통해 널리 알려졌다.

난 서울의 이수초등학교 출신이었는데, 그 당시 초등학교 졸업 후 많은 친구가 이수중학교로 진학을 했기에 이수초와 이수중 출신들은 거의 서로를 많이 알고 있었다. 그런 이유로 내가 만든 홈페이지는 이수초와 이수중을 모두 아우르는 홈페이지가 되었다. 홈페이지의 이름은 '이수가 조아'였다.

웹디자이너 시절 전시회 등을 다니며 안목을 키우던 시기

아이러브스쿨에 접속한 친구들은 모두 내가 만든 동창생 홈페이지 '이수가조아'로 하나둘씩 들어오기 시작했다. 특히 졸업앨범 사진을 모두 스캔해서 올려두었으니 친구들의 얼굴도 알아보고 신분 확인도 할 수 있었으니 1석2조였다. 새로운 친구들이 들어올 때마다 예전 사진을 보며 기억을 소환하곤 했다.

이걸 그때 잘 만들었다면, 초창기 하버드 대학생들의 얼굴을 올리며 서로의 연결고리로 사업을 시작했던 페이스북처럼 소셜 네트워크의 원조가 되었을지도 모르겠다.

내가 만든 '이수가조아' 사이트는 급속도로 친구들 사이에 퍼져 나갔고 난 졸지에 그걸 운영하는 운영자가 되어 있었다. 돌이켜보면 그때 함께 운영했던 친구와 매일 이 사이트를 관리해가며 오랜만에 만난 친구들과의 추억을 나누는 일에 기꺼이 시간을 쏟았다. 매일 몇백 명이 드나들고 매일 2~30명씩 번개 모임을 하게 되는 활성화 커뮤니티를 실질적으로 운영하고 있던 것이었다.

그 인기는 정말 대단했다.
당시 호프집을 운영하던 친구가 있었는데 그곳은 친구들의 아지트였다. 매일이 파티였고, 매일이 술판이었다. 우리에게는 언제나 접속 가능한 사이트가 있었기 때문이다. 실제로 오프라인으로 만날 수 있는 아지트가 있었기에 그 시너지는 더 컸다.

친구들은 급속도로 친해졌고, 여기에서 많은 커플들이 탄생하기도 했다. 실제 지금도 결혼해서 잘 사는 친구 커플이 많은데, 거기에 내가 일조한 부분도 분명 많다고 생각한다.

그때 그 아지트가 없었다면 우리의 추억도 반감되었을 것이다.

그렇게 친구들을 위한 홈페이지를 만들고 관리해 나가며 여전히 회사 생활도 열심히 하고 있을 때였다. 동창생 홈페이지를 잘 관리하는 것을 지켜보던 한 친구가 내게 한 가지 제안을 해왔는데 그 제안이 내게는 아주 큰 변화의 계기를 만들어주게 되었다. 그 기막힌 일을 공개한다.

15

하루아침에 두 배의
연봉을 받아 보니 알게 된 것

내게 또 한 번의 인생 대전환의 기회가 왔다. 동창생들 홈페이지 관리를 해나가며, 모임을 이끄는 것을 유심히 지켜보던 한 친구의 갑작스러운 제안이 있었다.

"너 면접 한번 볼래? 이번에 디자이너 충원하는데 네가 잘 맞을 것 같아."

국내 IT업계 1세대 CEO가 창업한 포털 사이트 웹디자이너로 일해보겠냐는 제의였다. 그 회사는 대한민국에서 가장 유명했던 한글과컴퓨터 이찬진 대표가 두 번째 설립한 포털사이트 드림위즈였다. 당시 다음, 야후, 네이버 등과 어깨를 나란히 하던 포털 사이트의 강자였다. 무료 웹메일 30메가로 인기몰이를 했고, 웹 메신저 지니 등이 인기를 끌었던 회사였다.

꿈을 이뤄주는 마법사 드림위즈의 웹디자이너 면접을 가게 되다니!
이게 무슨 행운인가!

그간 열심히는 했지만, 경험도 많지 않은 웹디자이너였던 나에게 이런 좋은 기회가 온 것에 감사하며 바로 면접 일정을 잡고 떨리는 마음으로 면접을 다녀왔다. 개발팀의 디자이너로서 활동하는 조건이었고 면접 결과는 다행히 합격이었다.

수석 월드라는 작은 회사에서 나름대로 열심히 했지만, 성과가 나지 않아서 고민이 참 많았었는데, 하루아침에 연봉 1,200만 원에서 2,400만 원으로 두 배의 몸값을 받으며 IT 회사의 중심으로 들어가게 됐다. 그간 나를 채용해주고 실력을 쌓을 수 있게 해준 수석 월드 대표님과 임직원들께는 미안했지만 나를 위해 이직을 결심했고, 그것을 받아들여 주신 분들께 지금도 고맙게 생각한다.

2000년 당시 직장인 연봉이 2천만 원을 넘는다면 꽤 고액 연봉에 속했다. 나중에 알고 보니 나를 추천했던 친구는 그 회사 인사팀 임원의 아내였고, 마침 디자이너 충원 소식을 내게 알려주었다. 내게 좋은 기회를 준 그녀에게 아직도 감사한 마음 가득이다.

그 전 회사에서 적은 연봉임에도 성실하게 일했으며, 또한 부족한 시간을 내어 동창생 홈페이지를 만들었고, 그것을 잘 관리하며 친구들과 지냈던 것이 결국 좋은 결과를 가져온 것이다. 디자인 비전공자이자 경력도 짧았던 나를 추천한 이유는 적극성과 성실함이었다. 동창생 홈페이지를 만들고 관리하지 않았다면 이런 기회는 오지 않았을 것이다.

호주에 거의 무일푼으로 가서 적극성으로 돈을 벌며 지냈던 시간.
군에서 배운 간판으로 호주 간판 공장에 취업한 것.
네트워크 마케팅을 통해 꿈을 품고 사는 법을 배운 것.
공대 졸업자가 디자이너의 길로 들어선 것.
난 항상 매 자리에서 최선을 다해왔다.

다시 한 번 느꼈다.
실력도 중요하지만, 운도 중요하다.
그 운 또한 본인이 만드는 것임을 알아야 한다.
운이 있는 사람들은 그것을 운이 좋았다고 말하지만, 그 운을 만들기 위한 노력을 게을리하지 않았다고 나는 생각한다.

로또에 당첨되려 해도 로또를 사야만 한다. 로또를 구입하지 않고 당첨이 되지 않는다고 불평해봐야 소용없다.

작은 노력들이 쌓이다 보면 운을 열어주는 계기를 만들어 준다.

보기엔 작아 보일지라도 그것을 소홀히 하지 않는다면 운은 그 역할을 할 것이다. 이것이 내가 생각하는 운과 성공의 법칙이다.

드림위즈 입사에 성공하고
코엑스 앞을 매일 출퇴근하던 시절

16

너무 좋은 복지는 독이 되었다

이직하여 옮긴 회사는 역시 IT업계를 리드하는 곳답게 뭔가 달라도 달랐다. 당시 회사 대표께서는 국내 IT업계 1세대이자 국내에서도 가장 유명했던 분 중에 한 분이셨던 이찬진 사장님이셨다. 당대 최고 배우 김희애 님과 결혼하여 화제가 되기도 했고, 실제로 회사 행사에 김희애 님은 아이들과 함께 수수한 얼굴로 참석하여 얼굴을 자주 볼 기회도 있었다.

이찬진 대표께서 창업하여 성공시켰던 한글과컴퓨터(한컴)의 경영권을 넘기고 나서, 새롭게 포털 사이트 드림위즈를 창업하셨으니 업계의 관심은 대단했다.

지금은 상상하기 어려우나 2000년 당시 일반 직장인들은 토요일 근무가 꽤 많았고, 그나마 환경이 좋은 곳이 격주 토요일 근무였을 것이다. 내가 다니던 드림위즈는 완전한 주 5일 근무였다. 요즘 당연한 게 그땐 당연하지 않았다.

　주 5일 근무뿐만 아니라, 출근 시간도 10시 30분이라 늦잠을 실컷 잘 수 있었다. 직장인에게 아침 늦잠은 신의 선물과도 같은 것이었다. 늦은 출근도 최고였지만, 본인이 원하면 삼시 세끼를 모두 계약된 식당에서 무료로 해결할 수 있었고, 공휴일이 낀 샌드위치 데이는 특별한 일 아니면 휴무로 지정되었다.

　지금 생각해 봐도 파격적인 근무 조건이었고, 그 전 다니던 회사와 비교하면 한마디로 천국이었다.

　그러나 성장을 위한 필수 조건은 결핍이다.
　회사는 너무나 풍요로웠고, 나는 그 달콤함에 빠져 나태해져 갔다.
　팀장이 시키는 일을 '눈 가리고 아웅' 하는 식으로 빠져나갔고, 내 실력은 발전이 없었다.
　갑자기 너무나 좋아진 근무 환경은 나를 점점 더 게으르게 만들었다.
　회사는 좋았지만 나는 열정을 다하지 못했다.
　바람이 거센 곳의 나무는 뿌리가 깊다.
　뿌리가 깊은 나무가 열매가 많다.

나는 그 당시 뿌리가 깊지도 못했고, 나무에 달린 열매는 부실했다. 그간 맞바람을 맞으며 살아왔기에 갑자기 내게 다가온 평온한 환경은 너무나 달콤했다. 그 달콤함은 점점 내게 독으로 다가왔다.

게다가 나이 서른에 고민이 깊어졌다.
내 나이 마흔에도 지금처럼 웹디자이너로서 성장하고 자리를 지킬 수 있을까?
끊임없는 잡념과 고민이 이어졌다.

주변에 뛰어난 사람들이 너무나 많았다.
날고 긴다 하는 최고의 인재들이 모인 곳이었다.
나름대로 열심히 살아왔지만 뛰어난 인재들과 비교하면 한없이 모자랐다. 백 수십 명이 근무하는 회사에서 그저 그런 사람으로 치부되는 것은 싫었다.

그 무렵 나를 채찍질해주신 유일한 분이 계셨으니 우리 팀의 팀장이었다. 나는 당시 LG 등의 대기업에 필요한 IT 솔루션을 개발해주는 팀에서 디자인 업무를 하고 있었다. 팀장은 나의 일거수일투족을 알고 있었고, 내가 잔머리 굴리며 일을 제대로 안 한다는 것도 알고 있었다. 솔직하게 지금 고백하자면 그분이 제대로 본 것이 맞다.

나는 일을 건성건성 했으며 근근이 월급을 챙겨갈 뿐이었다.

회사를 운영하는 지금 돌이켜 생각하자면 정말 철이 없었다.

높은 연봉에 내가 마치 뛰어난 실력을 갖춘 사람처럼 행동했다.

사람은 항상 겸손해야 하는데 그걸 잊고 지냈던 시기였다.

남들이 알기 전에 본인이 먼저 아는 법이다.

지금 생각해도 몹시 창피하고 철이 없는 행동이었다.

그렇다 해도 그땐 날 감시하고 사사건건 시비 거는 팀장님이 좋을 리 없었다. 자꾸 핀잔을 듣다 보니 매사에 의욕이 오르지 않고 일에 재미가 없었다. 나의 성향은 잘한다고 해줘야 더 잘하는 스타일인데, 매일 듣는 꾸지람에 지쳐갔다.

그대로는 안 되었다.

뭔가 개선을 해야 했다.

그러던 어느 날 내게 새로운 변화가 다가왔다.

17

내 인생의 그녀를 만나다

BRANDING

내가 회사에서 맡은 업무는 IT 솔루션 개발에 필요한 디자인인데, 그중 하나가 커뮤니티 카페 서비스 디자인이었다. 당시 가장 유명한 카페는 역시 다음 카페였고, 네이버 카페도 점점 유명해지던 시기였다. 내가 다니던 회사에도 카페 서비스가 있었는데 클럽이라는 이름으로 서비스가 되고 있었다. 이름은 다르지만 같은 서비스였다. 이하 카페라 칭하겠다.

2001년 가을 무렵, 카페 서비스 디자인 도중에 웹디자이너들이 모여 활동하는 카페가 있다는 것을 알게 되었는데 문득 어떤 사람들이 활동하는지 궁금했다. 절차에 따라 웹디자이너 카페에 가입하고 얼마 되지 않을 무렵 1박 2일 엠티(동호회 등에서 친목을 강화하기 위한 워크샵)가 있다는 것을 알게 되었는데 거길 한번 가보기로 마음먹었다.

당시 다니던 회사에서는 카페 서비스를 활성화하기 위해 일부 동호회에 행사 현수막과 지원금을 주고 있었는데, 내가 동호회에 직접 전달차 그곳에 간 것이다. 엠티 공지를 확인하고 찾아간 곳은 건대입구역이었다. 지하철역 근처에 삼삼오오 모여 있는 사람들이 있는 곳에서 웹디자이너 카페 모임임을 확인했다.

그곳에 25살의 앳된 그녀가 있었다.
아담한 체구, 작은 얼굴에 차분한 생머리의 그녀.
큰 눈망울이 너무 반짝거려 눈을 똑바로 마주 볼 수 없었다.
지금도 정확히 그 순간을 또렷하게 기억한다.
다른 사람은 보이지 않았다.
그녀만 눈에 들어왔다.

엠티 장소는 래프팅이 가능한 한탄강이었다.
나는 1박 2일간 그녀의 꽁무니만 졸졸졸 따라다녔다.
처음 만났으나 드림위즈 본사에서 지원 나온 나는 그래도 다른 사람들에게는 존재감이 있었다.
그녀도 싫어하는 표정은 아니었으나 딱히 좋아하는 눈치도 아니었다.

나중에 알고 보니 내가 주책없이 계속 따라다닌다는 걸 알고
'이 오빠 왜 이러지?'
하는 생각을 했다고 한다.

엠티를 다녀온 후, 그녀의 눈에 띄기 위해 동호회에 열심히 나가기 시작했다. 그녀를 사귀는 것이 최종 목표였다.

하지만, 그녀는 이미 남자친구가 있었다. 얼마 전에 아는 언니로부터 소개받은 남자친구라고 했는데, 내가 보기엔 자주 만나는 것 같지 않았고, 무엇보다 그리 좋아하는 사이라고 느껴지지 않았다. 내게도 기회가 있을 것 같았다.

그녀의 동선 파악을 위해 동호회 구성원들의 도움도 받았고, 그녀가 등장한다는 번개 모임 소식이 들리면 어떻게 해서든 나갔다. 모임에 나가면 그녀의 시야에 들어올 만한 자리나 옆자리 등을 될 수 있으면 선택해서 앉았고, 눈에 띄려고 노력을 했다. 그녀에게 만나고 싶다는 마음을 표현했으나 은근한 거절이 이어졌다.

그렇게 공들이기를 수차례.
드디어 단둘만의 술자리가 어렵게 마련되었다.

사실 그녀에게 한 마지막 제안이었다.

이번 제안도 거절당하면 짝사랑하던 그녀를 떠날 생각이었다.
아쉽지만, 반응이 없는 그녀를 계속 바라볼 수는 없었다.
그런데 그 마지막 제안이 받아들여진 것이다.

단둘의 첫 만남은 정말 설레었다.
낙성대역 인근의 투다리에서 둘만의 술자리 첫 만남이었다.
노오란 전구 불빛 아래 가까이서 본 그녀는 더 예뻤다.
시끌벅적한 주점 안에서 난 그녀에게 집중했다.

솔직히 나는 술을 잘 마시지 못한다. 얼굴이 금세 빨개지고 심장 소리가 고막에 울려서다. 그녀는 내가 술을 잘 못 마신다는 것을 믿지 않았고, 그냥 거짓으로 얘기하는 것으로 알고 있었다. 보통 남자들이 술을 잘한다고 생각하는데 그렇지 않은 사람도 많다는 걸 모르는 것 같았다.

첫 만남에서 내게 계속 술을 권하던 그녀의 뜻에 따라, 어쩔 수 없이 소주 한 병을 가까스로 마시고 그 자리에서 엎드려 잠들어 버렸다.
그녀는 내가 가진 주사를 확인하고 싶어 했던 것이다.
알고 보니 술버릇 안 좋은 사람을 싫어하는 성향이었다.
술 마시면 잠들어 버리는 온순한 내 술버릇에 그녀는 안심한 것 같았고 우리 사이는 그날부터 1일이 되었다. 그때가 2001년 가을이었다.

집이 서로 가까웠던 우리는 매일 만났고, 매일 함께 출근했고, 매일 모닝커피를 함께 했다. 직장은 달랐지만 둘 다 웹디자인 일을 했고, 둘 다 직장이 강남 쪽이라 가까운 편이었다.

  매일 아침 사당에서 강남, 삼성동을 오가며 데이트를 즐겼다.
  돈이 넉넉지 않았던 스물다섯, 서른의 데이트는 참 단출했다.
  커피 한 잔을 사서 공원 데이트를 즐기거나 떡볶이 한 접시 먹는 게 전부였다.
  그녀는 가진 것 없는 내게 과한 것을 요구하지 않았다.

  매일 함께 있고 싶어 했다.
  내게 사랑이 온 것이다.
  서로에게 애틋했고, 서로를 아껴주며 행복했다.

  만난 지 백일쯤 되는 날 프러포즈를 해야겠다고 생각했다.
  남들이 안 하는 프러포즈를 하고 싶었다.
  난 그걸 준비하고 있었다.

  그녀와 결혼해야겠다고 마음을 먹었다.
  프러포즈를 해야겠는데 뭘 어떻게 해야 할지 몰랐었다.
  돈도 없었고, 화려한 것을 해줄 수 있는 능력도 없었다.
  우선 내가 할 수 있는 것만 하기로 했다.

첫 번째.

별똥별 예고가 뉴스에 뜬 날이었다.

33년 만에 대단한 유성우가 내린다고 했다.

그녀와 함께 유성우를 보고 싶었다.

보온병에 따뜻한 둥굴레차와 돗자리 그리고 무릎담요를 준비했다. 11월이었기에 야외에서 유성우를 관측하려면 따뜻하게 준비하는 게 좋을 것 같았다. 그렇게 준비한 후 그녀에게 서울대공원으로 야간 산책을 하러 가자고 했다.

밤 11시쯤이었는데 달도 뜨지 않은 캄캄한 밤이었다. 유성우는 빛 공해가 있으면 볼 수 없었기에 그나마 어두운 하늘을 볼 수 있는 곳이 집에서 멀지 않은 서울대공원이었다. 근처 잔디밭에 돗자리를 깔고 누워 무릎담요를 덮고 하늘을 바라보았다.

별똥별 우주쇼를 본 적이 있는가?

영화에서처럼 한 방향으로 별똥별이 떨어지지 않는다.

누워서 하늘을 보면 사방에서 별똥별이 지나간다.

잔디밭 여기저기서 함성이 터져 나왔다. 정말 장관이었다.

모두 우주쇼를 관람하러 나온 사람들이었다.

한두 시간가량의 별똥별 우주쇼가 끝나갈 무렵 따뜻한 둥굴레차를 건네며 나는 고백했다.

수수한 첫 번째 프러포즈였다.

하늘에 유성우가 가득했던 날

그녀는 미소지었다.

두 번째.

정동진 해돋이 새벽 여행이었다.

토요일 새벽에 출발하여 정동진 일출을 위해 떠난 무박 2일 여행이었다.

직장 다니며 벌어서 구입한 중고 LPG 가스 차량은 고속도로에서 도무지 속도가 나지 않았다.

차가 없는 새벽 도로를 힘껏 몇 분을 달려야 고작 시속 120km에 이를 정도로 성능이 별로였다. 연비를 위해 성능을 포기했던 차였다.

그런 차로 천천히 달려 새벽 6시쯤 정동진에 도착했다. 새벽에 일찍 도착한 탓에 새벽에 오픈한 인근 식당에서 몸을 녹이다가 정동진에서 뜨는 해를 함께 맞이했다. 겨울 바다에 빨갛게 떠오르는 정동진의 아침 해는 참 아름다웠다.

그 아름다운 햇살을 맞으며, 그녀에게 앞으로 뜨는 해도 함께 맞이하자며 고백했다.

추운 겨울 바다에서의 두 번째 프러포즈였다.

세 번째.

무창포 크리스마스 여행이었다.

무창포 바닷가에서 그녀와 석양을 바라보며

드디어 첫 1박 2일 여행이라 설렘에 가슴이 터질 지경이었다.

2001년 크리스마스 이브날 무창포 해변을 걸으며 행복한 데이트를 했다. 크리스마스 이브날 밤 몰래 준비했던 커플링을 그녀의 손가락에 끼워주며 결혼하자고 고백했고 그녀는 고개를 끄덕였다. 세 번째 프러포즈였다.

우린 그렇게 결혼을 약속했다.

만난 지 100여 일 만에 받아낸 결혼 약속이었다.

가진 것 없는 내게 그녀가 결혼을 허락한 이유는 단 한 가지였다.

나보다 더 잘해줄 수 있는 사람은 못 만날 것 같아서라고….

난 그녀에게 진심과 최선을 다했고, 그것이 결혼에 골인한 결정적 이

신혼여행지에서 즐거운 한때

유였다.

가진 것과 비례해서 조건을 보고 결혼을 했다면 쉽지 않았을 것이다.

돈은 없을 수 있으나, 열정이 없으면 안 된다.

일도 사랑도 마찬가지다.

결국, 우리는 사귄 지 5개월 만에 초고속 결혼을 했다.

너무 빨리 결혼 소식을 알리고 보니, 임신하여 사고치고 결혼한다는 소문이 파다했다.

아쉽게도 사고는 없었다.

사고처럼 다가온 사랑만 있을 뿐이었다.

그녀 나이 26세, 내 나이 31살이었다.

18

돈 없어도 결혼할 수 있어요

2002년 월드컵으로 온 나라가 들썩이던 그때, 나는 그녀와 결혼을 하고 꿈같은 신혼 생활을 시작했다. 만난 지 5개월 만에 결혼에 골인한 것이니 그야말로 번갯불에 콩 구워 먹는 수준이었다.

친구들이나 주변에 보면 결혼할 때 부모님이 집을 사 주시거나, 전셋집을 마련해주는 경우가 많았는데, 우린 양가가 그리 넉넉한 형편이 아니었기에 우리가 모은 돈으로 모든 것을 해결해야만 했다. 자가나 전세를 가지고 결혼 생활을 시작하는 것은, 100m 달리기를 이미 50m 앞에서 뛰는 것과 같은 이치지만 우린 그럴 돈이 없었다.

나와 그녀가 각자 모아둔 1천만 원씩을 합친 2천만 원이 결혼 준비 자금의 전부였다. 그리고 아버지가 내어주신 소중한 1천만 원이 보태졌다. 이렇게 모아진 3천만 원으로 집과 혼수를 모두 해결해야 했다.

돈이 없으니 주거는 월세를 알아봐야 했다. 신혼집은 송파구 풍납동의 오래된 상가주택 2층에서 시작했다. 보증금 2천만 원에 월세 25만 원짜리 허름한 12평 공간이었지만, 그래도 신혼집이라고 깨끗하게 도배하고, 베란다도 페인트칠 하고, 작은 신혼살림 소품을 알아보러 다니는 쏠쏠한 재미가 있었다. 그렇게 꾸며진 둘만의 공간에서 함께할 수 있다는 게 너무나 행복했고, 부부가 되어 함께하는 출근길이 좋았다. 이렇게 웹디자이너 부부의 소박한 결혼 생활이 시작되었다.

내 월급 200만 원, 그녀 월급 150만 원.
세금 제외한 300만 원 남짓의 급여가 둘이 생활하기엔 부족함 없는 돈이었으나 매달 나가는 25만 원의 월세가 급여의 10% 가까이 차지하다 보니 매우 부담스러웠다. 가진 돈을 모두 모아 결혼을 했으니 넉넉할 리 없었다.
월세 보증금 2천만 원 외에는 신혼살림 장만으로 돈을 모두 지출한 상황이라 모아둔 돈도 당연히 없었다. 고정된 수입 말고 추가 수입이 필요했고, 매달 지출되는 월세를 줄여야 했다.

좁았지만 행복했던 송파구 풍납동 월세 생활 시절 신혼집

　한 가지 다행인 것은 부부가 둘 다 웹디자이너다 보니 퇴근 후 홈페이지 제작 아르바이트를 시작할 수 있었다는 것이다. 지인들의 소개로 몇십만 원짜리부터 1~2백만 원짜리 홈페이지들도 만들며 돈을 모았다.

　잠을 줄여가며 악착같이 모아 나갔다.

　그러기를 6개월 남짓하니 수중에 1천만 원 정도를 모을 수 있었다.

　부부가 짧은 시간 모은 큰돈이었다.

　이렇게 모은 돈으로 이제는 월세를 줄여야 했다. 기존 월세 보증금 2천만 원과 새로 모은 1천만 원을 합쳐 3천만 원으로 월세를 탈출할 방법을 찾아야 했다. 월세를 탈출할 방법은 전세밖에 없었다.

　직장이 강남이라 될 수 있는 대로 가까운 데를 찾아야 했으나 수중에 가진 3천만으로 전세를 구할 수는 없었다. 게다가 2002년 당시 시중은행 대출금리가 7~8% 이상이었으니 대출을 받으면 매달 월세 내는 것과 별반 차이가 없을 것 같았다. 물론 전세대출이라는 제도도 없었을 때였다. 요즘처럼 전세대출이 잘되어 있다면 조금 나은 선택지가 있었을 텐데 당시로선 별다른 방법이 없었다.

그러던 중 영세민 대출이 있다는 걸 알게 되었다. 부부 합산 소득이 연봉 5천만 원 이하이면, 최고 3천만 원까지 연이자 3%로 대출을 받을 수 있었다. 당시 이자율로 따지면 정말 엄청난 혜택이었다. 만약 이걸 받게 되면 월 이자 8만 원 정도만 내면 되었다.

너무나 좋은 기회였다. 열심히 발품을 팔아 준비한 결과, 다행히 우린 대상이 되어 3천만 원을 구청을 통해 빌릴 수 있었고, 기존의 보증금 등 3천만 원을 합쳐, 6천만 원의 전세 자금을 마련할 수 있었다.

월세에서 전세로 빠르게 이동할 수 있게 된 가장 큰 이유는 역시 적극성이었다. 넉넉했다면 편하게 살았을 테지만, 여유 부리기에는 가진 게 너무 없었기에 적극적으로 돌파구를 찾다 보니 나온 결과였다.

결혼 6개월 만에 두 번째 신혼집을 삼성동으로 마련했다.
아주 깐깐한 집주인이 기억나는 전세 6천만 원짜리 다가구 주택이었다. 방 하나, 거실 하나의 11평 원룸 같은 아주 작은 곳이었다.
친구들을 불러서 작은 집들이를 했을 때나, 가족들이 집에 오시면, 너무 작은 집이었기에 집들이를 마치고 갈 때면 안쓰러운 모습으로 격려를 했다. 그렇지만 매달 내는 월세를 줄일 수 있어서, 집은 작지만, 행복의 크기는 컸다.

좋은 복지를 누리며 다니던 드림위즈 웹디자이너 시절

가진 게 없는 부부는 참 열심히 살았다.

여전히 직장생활과 홈페이지 만드는 아르바이트는 밤마다 계속되었고, 돈은 극도로 아꼈다. 식사는 대부분 회사에서 해결했고, 데이트는 집 근처 코엑스몰을 구경하거나 아주 가끔 영화 한 편 정도 보는 게 전부였다. 월급날이면 동네 최고 맛집인 숯불 바비큐 치킨집에 가서 한 달간의 노고를 서로 치하하며 마시는 500cc 맥주 한잔이 한 달에 한 번 가지는 최고의 사치였다. 둘이 벌어서 한 달에 한 번 3만 원 지출하는 것이 부부 최고의 외식이었던 시절이다.

가진 게 없지만, 행복했고, 희망이 있었기에 그 어느 때보다 충만했던 시절이었다. 희망만 있다면 현실의 어려움은 문제가 되지 않는다.

그것을 몸소 느낀 신혼 시절이었다.

19

이 많은 집 중에 왜 내 집은 없는가?

월세와 전세를 거치면서 재테크를 해야겠다는 생각이 들었다.

재테크에는 전혀 문외한이었지만 이제 내 집을 가지고 싶었다.

2002년 월드컵 이후 아파트값이 하늘 모르고 치솟고 있었다.

집을 사지 않으면 영영 뒤처질 것 같았다.

그래서 주말마다 이곳저곳 집을 보러 다니기 시작했다.

IMF 때 폭락했던 집값이 2002년 월드컵을 거치면서 다시 고공행진을 하고 있었다. 그렇다고 해도 강남의 집값은 이미 그 당시에도 너무 비쌌다. 송파구 풍납동 신혼집 월세를 거쳐, 강남구 삼성동 전셋집으로 옮겨가면서 안정적인 주거를 만들었지만, 내 집을 마련하고 싶다는 갈망이 계속 솟구쳤다.

부부는 낮엔 회사 일을 하고 밤에는 홈페이지 만드는 아르바이트 일을 지속하고 있었다. 급여의 대부분을 저축했고, 홈페이지 만들며 받는 비용도 거의 저축했다. 결혼 후 1년 6개월 정도 되었을 무렵 3천만 원을 모을 수 있었다. 대출금 3천만 원을 거의 갚을 수 있는 수준이었다. 급여 생활하며 모은 돈 치고는 정말 큰돈이었다. 무의식 중에 지출하는 비용이 없으니 역시 결혼해야 돈을 모을 수 있다는 걸 깨달았다.

주중에 열심히 일하고 주말에는 아내와 집을 보러 다녔다.
수많은 서울 아파트 숲을 바라보며 탄식 비슷한 얘길 했다.

"왜 이 많은 아파트 중에 우리 집은 없을까?"

서울에 6천만 원으로 살 수 있는 집은 당연히 없었다.
대출을 내더라도 1억 남짓 되는 집이 우리가 접근 가능한 범위였다.

기억하기로는 2003년 도곡렉슬 26평 분양가가 4억 원대였다. 당시에 청약을 넣으면서도 말도 안 되는 금액이라 생각했는데, 청약에 당첨되더라도 그 집에 들어갈 수는 없었다. 기본적으로 가진 돈이 어느 정도 있어

경기도 광명의 낡은 17평 아파트를 약간의 수리를 거쳐서 입주

야 들어갈 수 있는 집이었다. 그런데 그마저도 당첨은 하늘의 별 따기였다. 지금은 그 가격이 평당 1억 정도라니 예나 지금이나 강남 집값은 항상 상상을 초월했다.

당시 가진 돈 6천만 원으로는 대출을 받더라도 서울 강북 외곽 쪽이나 용인 아래쪽 등이 가능했지만 직장을 출퇴근하기에는 너무 멀었다. 먼 것도 어느 정도 감수할 수 있었지만 사실 재테크에도 성공하고 싶은 욕심이 있었다.

주말마다 집을 보러 다니기를 몇 개월.
2004년 KTX 광명역 신설 호재를 타고 상승한 광명시 하안동 주공아파트가 눈에 들어왔다. 앞으로 더 발전할 것이라는 기대감을 가지고 영혼까지 끌어모아 지어진 지 십수 년 된 17평 아파트를 무리하여 구입했다.

더 늦기 전에 내 집 마련에 성공했다는 기쁨도 잠시, 가장 높은 가격에 매수했다는 것을 알았다. 재테크에 대해 잘 모르면서 인터넷에 떠도는 호재만 믿고 덜컥 구입을 한 것이다.

구입을 후회하는 데는 오랜 시간이 걸리지 않았다.
낡은 17평 아파트는 좁았고, 꼭대기 층이라 덥기도 무척 더웠지만, 무엇보다 물이 잘 나오지 않았다. 재테크 측면으로도 그렇지만 실수요 측면에서도 완전한 실패였다.

그렇다 해도 이미 구입한 아파트를 무를 수는 없었다.
인생 최고 값비싼 물건인 아파트를, 부동산 공부도 부족한 상태에서 덜컥 매수한 것이니 후회를 해도 이미 늦었다.
회사와 가깝기라도 하면 좋으련만 거리도 멀었다.
광명에서 강남까지 또는 잠실까지 출퇴근하는 힘든 하루하루가 이어졌다.
가까이 출근할 땐 몰랐던 장거리 출퇴근의 불편함을 몸소 느끼고 있었던 것이다.

잘 모를 땐 사람들의 말에 휘둘리면 안 된다.

본인이 공부하고 맞다고 판단되어야 움직여야 한다.

인생의 큰 교훈을 얻은 것이다.

그러나 모든 선택은 본인이 하는 것이다.

남 탓해봐야 소용없다.

최선의 선택을 하지 못했다면, 차선책을 찾아야 한다.

자, 그럼 광명에서 찾은 차선책은 무엇이었을까?

다음 이야기에서 풀어본다.

BRANDING

Part 3

당신만의
경쟁력을 키워라

20

우연히 시작한 사업,
세상에 버릴 경험은 없다

광명 시민이 되어 잠실까지 회사를 다니다 보니 긴 출퇴근 시간에 점점 지쳐갔다. 주말은 피곤해서 잠으로 때우기 일쑤였다.

30대 초반의 나이에 결혼하여 가정을 이루고 가장으로서 지금 하고 있는 일에 대한 재점검도 필요했다. 웹디자이너로서 10년 후에도 같은 일을 하며 살 수 있을까 고민을 하고 있었다. 40대에도 지금처럼 웹디자이너로 직장생활을 할 수 있을지에 대한 자신이 없었다.

인생을 살아보니 나이 듦의 순간순간마다 그때의 고민이 있다. 그 고민이 지금 생각해보면 아무것도 아닐 수 있지만, 당시에는 꽤 심각한 고민이었을 것이다.

30대 초반이었던 그땐 미래에 대한 고민이 참 많았다.
그렇다고 딱히 다른 일을 생각하고 있는 것은 아니었다.
뭔가 새로운 일에 대한 갈증이 많았던 바로 그 시기.
내게 인생을 바꿔준 계기가 발생하는데 그 에피소드를 소개한다.

어느 날 직장 후배 집들이에 초대를 받아서 가게 되었는데, 거기서 마음이 '쿵' 하고 내려앉는 뭔가를 발견한 사건이다.

최초로 만든 문패의 시제품
– 이것으로 대박을 터뜨리다

집들이에 초대받은 집 문 앞에 있던 뭔가가 붙어 있었다.
그것은 바로 '문패'였다.

문패라고 들어본 적이 있는가?
지금은 단어조차 생소해져 가는 과거의 추억을 소환하는 단어다. 과거에는 집집마다 가장의 이름을 대문 앞에 걸어두었는데 그것이 문패다. 그런데 내가 본 이것은 과거의 것과 형식이 좀 달랐다.

　이름보다 눈에 들어오는 것은 '행복한 우리집'이란 문구였다. 그리고 가장의 이름만 쓰여 있는 게 아니라 부부의 이름이 함께 쓰여 있었고 결혼기념일도 적혀 있었다. 그야말로 깔끔했고 모던했다. 그리고 신선했다.

　그 순간 뇌리를 스치는 한 가지 생각.

　'난 군대와 호주에서 간판을 만들었던 경험이 있잖아. 이거 나도 만들 수 있겠는걸?'

　과거 군대에서의 경험과 호주 유학 당시 간판 공장에서 일했던 기억들이 떠올랐다. 분명 나도 만들 수 있는 아이템이었던 것이다. 그리고 나는 디자이너였다.

　순간 가슴이 뛰기 시작했다.

　그날 밤 집에 가자마자 몇 가지 나만의 새로운 문패 디자인을 시도했다. 다음 날 내 디자인을 제품으로 만들어 줄 만한 곳이 어디인가 찾아보다가, 을지로나 종로의 몇 개 업체들을 돌아다니며 첫 시제품을 만들었다. 나만의 문패 작품이 처음으로 만들어진 순간이었다.

　아무도 관심이 없었을 테지만 나는 누가 볼까 봐 품속에 몰래 숨겨와서 아내에게 보여줬더니 상당히 괜찮다고 했다.

집들이했던 후배에게 문패를 구입한 곳이 어디인지 물어봤다.

2000년대 초반 최고의 티저 광고로 손꼽히던 '선영아 사랑해'를 기억하시는가? 전봇대, 육교, 전철역 등 눈에 띄는 곳에 붙어 있던 '선영아 사랑해'라고 쓰여 있던 티저 광고. 사람들에게 엄청난 궁금증을 일으켰던 광고였는데, 그곳은 바로 여성 전문 커뮤니티 사이트 광고였던 것이다. 지금 생각해도 참 신선한 광고였다. 그 광고로 유명한 여성 전문 커뮤니티 사이트인 마이클럽닷컴은 오직 여자들만 가입할 수 있었고, 여성들만의 커뮤니티가 잘 형성되어 있었다. 후배는 그곳에서 공동구매로 문패를 구매했다고 했다. 가격은 배송비 포함하여 35,000원.

내가 새로 디자인한 문패를 보여주며 내 것도 같은 가격에 공동구매로 한 번 올려 줄 수 있는지 부탁했더니 후배는 흔쾌히 커뮤니티에 등록을 해주었다.

기존과 차별화되는 색다른 디자인이었고, 기존보다 소재나 디자인에서 다른 판매자보다 우수했다. 내가 처음 고안한 제품은 아니었지만, 제품의 소재와 디자인을 개선했고, 웹디자이너였기 때문에 판매 페이지도 직접 디자인하여 보냈다.

그로부터 3일 후 아주 놀라운 일이 일어났다.
약 100명 정도가 구매를 신청한 것이다.

단 3일 만에 350만 원 정도의 매출이 발생했다.

생각지도 못했고 말도 안 되는 일이 벌어진 것이다.

첫 주문이었지만 몇 날 며칠을 고생해서 아내와 나는 문패 100개를 만들어 모두 발송할 수 있었다. 제작 수량이 많았기 때문에 집 근처에서 내가 도움 받을 만한 업체를 발품을 팔아 찾을 수 있었는데, 그 업체를 통해 많은 수량을 만들 수 있는 노하우도 얻을 수 있었다. 덕분에 첫 대량 주문을 무사히 처리할 수 있었다. 집 근처 광명에서 만난 행운이기도 했다.

단 며칠 만에 나에게는 350만 원이라는 큰돈이 수중에 들어온 것이다. 순수익은 아니지만, 우리 부부의 한 달 치 급여에 해당하는 매출이 단 일주일 만에 들어왔다. 실제 수익률도 꽤 높았다. 정말 신기한 경험이었다. 그리고 이것은 급여 수입 외에 벌어들인 부수입이었다.

군대에서 간판을 만들지 않았다면, 호주에서 간판 공장에 다니지도 않았을 것이었다. 간판 공장에서의 경험이 없었다면, 집들이했던 후배의 문패를 보고도 아무 감흥 없이 지나갔을 것이었다. 게다가 웹디자인을 배워 실무로 디자이너로 활동하다 보니, 직접 문패 디자인까지 하였으니 실제 모든 일이 퍼즐이 맞듯이 맞춰져 가고 있었다.

그동안 경험했던 모든 일이 한 가지로 집중되는 느낌이었다.

이 얼마나 신기하고 재미있는 느낌이었는지 경험해보기 전에는 알기 어렵다.

성공의 기억이나, 실패의 기억이나 모두 나의 기억 속에 있다.
인생의 모든 경험은 버릴 것이 없다.
작든 크든 경험의 소중함을 기억하자.
뭐든지 해보는 게 중요하다.

다시 한 번 강조한다.
세상에 버릴 경험은 없다.
해봐야만 그것이 나의 기억 세포에 남고, 그 기억이 다른 길을 열어 준다. 절대 경험하기를 두려워하지 말라.
그것이 좋은 경험이든, 나쁜 경험이든 모두 쓸모가 있다.
지금 좋다고 좋은 것이 아니고, 지금 나쁘다고 나쁜 것이 아니다.
비싼 가격에 아파트를 사들이게 되어 실망했던 곳, 출퇴근이 힘들다고 불평하던 곳 광명에서 새로운 사업의 기회를 만들게 되었으니 그야말로 인생사 새옹지마다.

이렇게 나의 사업 문패 사업은 정말 우연히 시작이 되었다.
그때가 사업 원년인 2004년 2월이었다.

21

이렇게도 돈 벌 수 있구나!
디자인조이의 탄생

우연히 만들어 본 문패 공동구매로 일주일 만에 한 달 급여만큼 많은 돈을 벌게 되니 상당히 낯설었다. 그전까지는 내 시간을 팔아 돈을 벌었고, 월급과 일부 아르바이트 비용 외에는 수입원이 없다 보니 돈 버는 속도는 당연히 더뎠다.

군 제대 후 영업을 통해 짧은 기간 큰돈을 벌어보기도 했지만, 그것과 이것은 느낌이 많이 달랐다. 생각보다 잘될 것 같았다. 처음 경험해보는 흥분 수치였다.

한두 번의 문패 앵콜 공동구매까지는 계속 성공했지만, 나는 지속해서 판매할 만한 경로를 찾고 있었다. 공동구매 판매가 언제까지 지속 가능할지 확신할 수 없었기 때문이었다.

직접 판로를 찾아보기로 했다.

IT 회사를 다니며 웹디자이너로 일한다는 것은 참 많은 장점이 있었다. 수많은 업체의 홈페이지를 벤치마킹하여 비교 분석할 수 있었고, 당시의 트렌드를 이끄는 곳을 쉽게 알 수 있었다.

당시에 가장 인기 있었던 오픈마켓 사이트는 옥션과 G마켓이었다.

오픈마켓은 판매자가 직접 제품을 등록하고 판매할 수 있는 개념의 쇼핑몰이었다. 요즘으로 보자면 네이버 스마트스토어의 위상을 가지고 있던 곳이었다. 국내에서도 인터넷 쇼핑 시장이 서서히 활성화되고 있었던 시기였는데, 그중에서 판매자가 직접 제품을 올리고 판매할 수 있는 곳은 많지 않았다.

나는 평소에 눈여겨보던 옥션과 G마켓에 우선 제품을 올려보았다. 오픈마켓에 직접 제품을 등록하여 홍보하는 이런 형태의 문패 판매는 내가 처음이었다. 지금처럼 온라인 쇼핑이 대세도 아니었던 시기였기에 경쟁자 또한 없었다.

웹디자이너였던 나의 장점을 살려 금세 제품 홍보 페이지를 만들었으니, 남들이 디자이너를 고용하여 어렵게 할 수밖에 없는 일이 내겐 대수롭지 않은 일이었다.

제품을 올리고 키워드를 잘 선택하여 홍보한 결과, 신기하게 주문이 조금씩 들어오기 시작했다. 문패 판매는 어려운 일은 아니었으나, 제품을 구입한 분들께는 부부의 이름과 결혼기념일 등을 간단하게 디자인하여 보여주고, 오타 확인과 원하는 내용 수정을 해줘야 했다. 오타가 나거나 내용이 틀리게 만들어지면 그 제품은 폐기하거나 새로 만들어줘야 했기 때문에 실수가 없이 만드는 게 중요한 작업이었다.

주문이 들어오면 하나하나 디자인을 확인하고 만드는 형태의 가내수공업이었으니 사업이라고 하기에는 사실 민망한 수준이었다. 하지만, 내가 그 당시 할 수 있는 최고의 효율성을 가지는 일이었기에 다른 선택은 생각할 수도 없었다.

실제 창업을 하려면 아래와 같은 사항을 고려해야 한다.

창업에는 대부분 많은 돈이 든다.

1. 사무실 또는 매장을 구해야 하고,
2. 필요에 따라서는 직원을 뽑아야 하고,
3. 필요한 자재 또는 장비를 사야 한다.
4. 판매를 위한 판매처 또는 거래처를 확보해야 한다.
5. 마케팅에도 또 비용이 든다.
6. 때에 따라서는 재고 관리도 필요하다.

모든 것이 돈과 관련되어 있다. 그래서 젊은 창업가들은 돈을 구하기 위해 정부의 지원을 받거나 부모님의 도움을 얻는 등 외부 지원이 필요할 수밖에 없다.

다행히도 난 초기 비용이 들지 않았다.

1. 집에서 사업을 시작했으니 임대료가 들지 않았다.
2. 부부가 디자이너이자 직접 제품을 생산하므로 인건비 제로.
3. 기자재 또는 장비는 외주 업체 활용하여 최소 비용 처리.
4. 판매처 확보는 온라인 활용. 다행히도 해당 지식이 있었기에 가능.
5. 마케팅 비용도 거의 들지 않았고, 저렴하게 키워드 홍보.
6. 주문 들어오면 그때그때 생산하므로 재고 부담 없음.

이렇게 하다 보니 문패를 만들어서 파는 원가 대비 수익률이 매우 높았다. 사업을 시작한 지 몇 개월 만에 회사에서 일하며 받는 급여의 수준을 뛰어넘은 것이다.

주변의 도움이 거의 없이 자력으로 말이다.

사업에 투자한 비용은 중고 시트지 컷팅 기계를 100만 원 주고 구입한 게 전부였다. 이렇게 나는 직장생활을 하며, 사업의 경계에 있는 어중간한 상태에 들어서게 되었다.

내가 다니던 회사는 코스닥 상장을 준비하던 바쁜 시기였다.

이미 스톡옵션도 받은 상태였다.

만약 상장만 되면 2억 원 정도의 큰돈이 생길 수도 있는 상황이었다.

당시 2억이면 아파트가 한 채였다.

회사 일은 회사 일대로 바빴고, 새로 시작한 사업은 퇴근 후 나름대로 무척 바빴다.

상장을 향해 막바지로 달려가던 어느 날, 회사에 비보가 날아들었다. 아쉽게도 어떤 사건으로 인하여 상장이 무산될 거란 소문이 돌았는데, 당시에 큰 화제가 된 사건이었다. 여기에 언급하기에는 조금 조심스러워 생략한다. 상장이 결국 무산되자 모든 임직원의 실망은 이만저만이 아니었다. 그 일로 인하여 많은 직원들의 이직도 이어졌다.

나도 그때 국내 교육의 최고봉 메가스터디 그룹에서 스카우트 연락이 왔으나 거절했다. 거절한 이유는 간단하다. 회사의 상장과 스톡옵션에 대한 미련이 있었고, 메가스터디는 지금처럼 큰 교육회사가 아니었는데 이렇게 클 줄 몰랐다. 당시에 이직해서 회사와 함께 성장했더라면 초창기 멤버로서 지금 또 다른 길을 가고 있을지도 모르겠다.

잘 다니던 회사였고, 나에게는 꿈의 직장이었지만, 상장이 무산되면서 나도 5년여의 IT 회사 직장생활을 정리하게 되었다. 아쉬움은 있었지만, 미련은 없었다.

다행히 우리 부부는 두 사람이 함께 회사에 다니며 받던 급여보다 많은 수입이 생긴 데다가, 늘어나는 고객들의 요구에 응대해야 했고, 회사

다니며 부업을 하기에는 급여를 받는 처지로서도 무척 미안한 일이었다. 한편으로는 그렇게 정리한 것이 잘한 일이었다.

　회사를 그만두면서 바로 사업자 등록을 하고, 본격적으로 문패 만들기 일을 시작했다.
　'디자인으로 고객에게 즐거움을 드린다'라는 의미의 회사.

DESIGN+JOY=DESIGNJOY

'디자인조이'의 탄생이었다. 2004년 8월의 일이다.
이제 정말 자력으로 살아남아야 하는 정글로 뛰어든 것이다.

간단하게 회사 문패를 만들다

22

우연히 아침 생방송 출연하고
대박이 나다

사업자 등록을 하고 나서 본격적으로 사업을 시작한 이후 그야말로 정신이 없었다. 매일매일 바쁘게 제품 디자인, 제작, 배송, 마케팅 및 고객 응대 등 할 일이 끝이 없었다.

그러던 어느 날 방송국에서 한 통의 전화가 걸려왔다. MBC 문화방송이었다. 방송국에서 전화를 걸어온 이유는 다음과 같다.

당시에 오픈마켓에서 문패가 절찬리에 판매되고 있을 때였다. 내가 만든 문패는 결혼과 집들이 선물로 아주 인기가 많았는데, 주는 사람과 받는 사람이 모두 만족하는 선물이었다. 그래서 입소문이 많이 퍼져 나가던 때였는데 그 무렵 방송국에서 이 아이템을 발견한 모양이다. 그래서 내게 연락이 온 것이다.

문패라는 아이템이 참 독특한데 혹시 생방송에 출연하여 설명해줄 수 있냐는 것이었다. 한국의 주거문화가 아파트로 바뀌면서 사라져간 문패를 현대적 감각으로 새롭게 부활시킨 장본인이었고, 그것이 방송 소재로 적당하다고 판단했던 것으로 보인다.

그러나 생방송에 출연한다는 것은 매우 부담스러운 일이었고, 내가 나가서 무슨 말을 하나 고민도 되었다. 다른 모든 이유를 떠나 무척 창피했다. 그래서 생각을 좀 해본 후 전화를 드린다고 했다.

고민하다가 막내동생에게 전화해서 출연을 고민 중이라고 했는데 그때 동생은 단호하게 내게 말했다.(그때 단호하게 말해줘 고맙다.)

동생 왈 "이렇게 좋은 기회에 무슨 고민을 하냐!"는 거다. 방송 나갔다 오는 게 누구에게는 큰 기회인데 왜 그걸 마다하냐는 것이었고, 방송에 나오면 그걸로 회사 홍보도 되고, 신뢰도도 쌓이니 무조건 나가라는 거다.

잠시 생각해보니 맞는 말 같았다.

이런 기회가 쉽게 올 리 없었다.

게다가 생방송이었다.

김성주, 정지영 아나운서가 진행하는 아침 생방송 팔방미인 출연자들과 함께

그렇게 MBC 아침 생방송 〈팔방미인〉에 출연하게 되었다. 방송은 처음이었기에 당연히 어색했고, 방송 전에 간단한 분장도 해주고, 신기한 경험도 했다. 당시 진행자는 김성주, 정지영 아나운서였고, 함께 출연하신 패널로 성동일 씨, 최란 씨 등 꽤 유명한 분들이 함께해주셨다.

방송에 방송국에 기증할 샘플 문패도 만들고, 여러 가지 문패를 가지고 나가서 설명도 하고, 패널들과 즐겁게 대화도 나누고, 사진도 찍고 무사히 방송을 잘 마쳤다. 무슨 말을 했는지 잘 기억은 나지 않으나, 생각보다 재미있었고, 그때의 상황이 아직 기억에 생생하다.

생방송 후 아내와 함께 집에 왔는데, 세상에⋯⋯. 그야말로 난리가 났다. 진짜 난리라고 표현하는 게 딱 맞는 표현이었다.

　방송 직후부터 하나밖에 없는 사무실 전화(사실은 집 전화)는 끊임없이 걸려오는 전화에 거의 불통이었고, 전화를 받느라 일을 못 할 지경이었다. 일부 고객은 왜 그렇게 통화가 어렵냐고 핀잔을 주실 정도로 통화가 어려울 지경이었다.

　끊임없이 밀려드는 주문 전화를 받고, 끝도 없이 디자인하고, 밤새 제품을 만들고, 하루라도 빨리 배송을 하려고 포장하고 택배 보내는 일까지, 하나부터 열까지 모든 일을 부부가 처리해야 했다.

　기껏해야 생방송 15분 정도 나간 것뿐인데 방송의 힘은 정말 대단했다.
　이런 효과 때문에 돈을 써서라도 방송에 나가려고 하는 것임을 알았다. 돈을 쓰기는커녕, 출연료까지 받고 나간 나는 정말 행운아였다.

　우연히 방송에 출연하게 된 것은 운이었지만, 그 운 또한 분명 내가 만든 것이고, 그것은 기회였지만 그것을 잡을 수 있는 판단과 용기는 꼭 필요하다.
　만약 내가 창피하다는 이유로 방송 출연을 거절했다면 어떻게 되었을까? 그걸 거절했다면, 내게 방송의 운이 다시 오기는 힘들지 않았을까?

　운이라는 것은 그런 것이다. 운이 왔을 때 그것을 알아보는 안목과 실력도 키워 두어야 한다. 방송 출연이 처음이라 어색하다는 이유로 하마터면 좋은 기회를 날려 버릴 뻔했다.

지나고 나서 그게 기회였음을 깨달을 땐 이미 늦을 수 있다.

인생에서 운이 좋아야 한다지만, 그 운 또한 내가 만드는 것이다.

• 나의 인생 명언

이 교훈을 알았더라면 방송 출연을 망설이지 않았을 것이다.

갈까 말까 할 때는 가라.
살까 말까 할 때는 사지 마라.
말할까 말까 할 때는 말하지 마라.
줄까 말까 할 때는 줘라.
먹을까 말까 할 때는 먹지 마라.

— 서울대 행정대학원장 최종훈 교수

23

에어컨도 없이 버틴 한여름의 땀과 눈물

방송 이후 밀려드는 주문을 감당하기 위하여 어쩔 수 없이 직원들을 채용할 수밖에 없었다. 미약하지만 가내수공업에서 어설픈 형태의 회사의 모습을 갖춰가게 되는데, 다음은 그때 경험했던 눈물겨운 스토리이다.

매일 밀려드는 주문에 급하게 직원을 뽑아야 했다.
한 번도 직원을 뽑아 본 적이 없었기에 어떻게 해야 할지 몰랐다.
그래서 공식적인 첫 직원은 일을 잠시 쉬고 있던 처제였다.

우리 집은 광명이었고, 집이자 사무실이자 공장이었다. 처제는 송파에 살았기 때문에 광명까지 매일 출퇴근이 어려웠다. 어쩔 수 없이 우리 집으로 들어와 살게 되었는데, 그때부터 나와 아내 그리고 처제 3인의 동거가 시작되었다.

17평짜리 작은 아파트는 방이 하나밖에 없었으니, 나는 거실에서 자고, 처제와 아내는 안방을 썼다. 결혼한 지 2년 남짓이었고, 아직은 신혼이라고 봐도 좋은 시기였지만, 처제가 들어오면서 자연스레 바로 각 방 생활이었다.

일손이 부족해서 급히 들어온 처제이기 때문에 달리 방법이 없었다. 제대로 된 잠자리도 없었는데, 자재들 가득 쌓인 거실에서 자라고 할 수는 없었다. 어차피 늦게까지 일하다가 쓰러져 잠드는 날이 계속되었기에, 내게 잠자리는 중요하지 않았다.

어느 무더운 여름날이었다.

집 사는 데 비용을 모두 써버려서, 집에 그 흔한 에어컨도 없었다. 지어진 지 15년이 지난 오래된 주공아파트 꼭대기 층은 매우 더웠다. 한낮의 태양의 복사열이 밤늦은 시간임에도 식지 않고 옥상으로부터 내려왔다. 그 열기는 대단했다.

문패를 만들기 위해서는 시트지에 글씨를 컷팅하여 만드는 작업이 필요한데, 너무 더워서 시트지가 늘어지다 보니 컷팅이 잘 안 되었다. 에어컨이 없었기 때문에 더더욱 그랬다고 생각되었다. 매일 시트지를 냉장고에 넣었다가 꺼내서 만들기를 계속했다.

열악한 환경에서 작업하던 첫 번째 직원인 처제가 집을 나갔다.

도저히 힘들어서 못 해 먹겠다는 거다.

별달리 잡을 도리도 없었다.

입장을 바꿔 내가 처제였어도 그만두었을 판이었다.

처제가 결국 버티지 못하고 가출을 해버렸으니 진짜 큰일이었다.

밀려 있는 주문은 한가득한데 진짜 한숨만 나올 뿐이었다.

그렇다고 손 놓고 있을 수는 없었다.

하는 수 없이 아내와 나는 하나씩 하나씩 밀린 일들을 처리했다.

정말 유난히도 더웠던 어느 날 밤 12시경이었다.

창밖에는 비까지 추적추적 내려 그 무더움은 상상을 초월했다.

냉장고에 넣어뒀던 시트지를 꺼내다 말고 나는 아내에게 얘기했다.

"너무 더운데 차에 가서 10분만 에어컨 쐬고 오자."

그때 마침 주차장에 있던 차가 생각났다.

가난한 우리는 차가 없었다.

하지만 자재 조달을 위해 양가에서 일주일씩 부모님께 차를 빌려왔는데, 오래된 기아 세피아였다. 93 엑스포 마스코트가 붙어 있던 10년이 넘은 차. 바빠서 차 정리 따위는 할 시간이 없었기에, 차에는 쓰레기가 가득했다. 시동을 켜고 에어컨을 틀자 역한 곰팡이 냄새가 확 올라왔다.

창밖엔 비가 내리고 차 안은 곰팡이 냄새로 가득했다.

더위보다는 곰팡내 때문에 에어컨을 더 틀어두기도 어려웠다.

90년대 초반 인기 있었던 기아 세피아 차량

부부는 서로 바라보며 어이없는 웃음을 지었지만, 한편으로는 울컥했다. 가난한 남자에게 시집 와서 결혼하자마자 고생만 하는 아내에게 미안함이 가득했다.

아내가 그 와중에 얘기했다.

나중에 책을 쓰면 이 이야기는 꼭 넣자고 했다. 힘들었지만, 최선을 다했던 우리들의 소중했던 추억. 지금도 비가 오는 무더운 여름날에 차량 에어컨을 켤 때면, 그때의 기억이 방울방울 올라온다.

돈이 없다고 불행하지는 않았다.
오히려 희망이 있어서 행복했던 그 시절의 나를 위로해본다.
바닥부터 시작했던 그 시간이 없었다면, 지금까지 수많은 고비의 순간들을 잘 헤쳐 나오기 어려웠을 것이다.

이런 경험들이 모여 지금의 '디자인조이'가 튼튼하게 뿌리를 내린 것이라고 생각한다. 그 어떤 어려움이 와도 흔들리지 않는 튼튼한 뿌리. 지금 당장 아무것도 없이 다시 시작한다고 해도 두려움이 없다.
그 자신감을 가질 수 있게 해준 나의 젊은 날에 감사한다. 이 또한 인생이 내게 선물해준 소중한 경험임을 지금도 잊지 않고 있다.

누구에게나 힘들었던 과거는 있다. 그걸 교훈 삼아 어려움이 올 때마다 상기한다면, 지금의 어려움은 아무것도 아닐 것이다. 왜냐하면, 누구에게나 인생은 쉽지 않기 때문이다.
너무 쉬우면 긴 인생이 너무 심심하지 않겠는가?
그 어려움마저도 즐겨보자.
그래야 다양한 크기의 인생 나이테가 그려질 것 아닌가?
그날의 기억은 내겐 큰 깨달음을 주었던 에피소드였다.

24

밥 먹을 시간도 없이,
월 1천만 원씩 벌어들이다

BRANDING

곰팡이 사건 이후, 아내와 나는 차를 사기로 했다.

급히 알아봐서 후다닥 계약하여 데리고 온 차.

그렇게 내가 번 내 돈으로 계약한 첫 차가 나왔다.

새로 출시된 기아의 뉴스포티지였다.

당시 차량 가격이 1,860만 원이었는데 할부로 구입했다.

디젤이었지만 조용했고, 활용성이 높았다.

첫 차 뉴스포티지 앞에서

첫 차가 나온 날 너무 기뻐서 아내와 여기저기 돌아다녔다. 거래처를 돌아다니며 막 자랑했다. 물건을 가득 담을 수 있는 넓은 트렁크가 있어서 좋았다. 주문 들어온 자재들을 실어 나르며, 내 힘으로 벌어서 산 차에 애정을 듬뿍 담았다. 내 차가 있으니 확실히 일하기에 수월했고, 일 처리도 훨씬 빨랐다. 더는 양가 부모님의 눈치를 보며 차를 빌려오지 않아도 되었다. 내 차가 생긴 그것만으로도 날아갈 듯 기뻤다.

그때의 벅찬 감동은 느껴보지 않으면 알 수 없을 것이다. 큰 노력 없이 얻는 것은 큰 감동도 없다. 어렵게 얻은 첫 차인 만큼 그만큼의 감동이 더해졌다. 그렇게 사업의 날개를 달아줄 차가 생겼기에, 일 처리가 좀 더 수월해지길 기원했다.

사업을 시작한 이후 우리의 일상은 무척 바빴다. 집에서 일했으므로, 따로 출근할 필요는 없었다. 아침 8시경 고객들의 전화가 오면 출근이었다. 자다가 일어나자마자 잠에 덜 깬 목소리로 전화로 주문을 받아 적거나, 컴퓨터 앞에 앉아 밤새 들어온 주문을 점검했다. 잠이 깨면 그때가 출근 완료이다.

고객들의 주문을 받고, 하나하나 디자인하고, 제품을 제작하다 보면 진짜 정신없이 시간이 흘러간다. 사실 밥 먹을 시간도 없었다는 게 맞는 표현일 만큼 정말로 아주 바빴다. 그도 그럴 것이 모든 것을 직접 처리하다 보니 일손이 부족하므로 한눈팔 시간이 없었다. 매일 오후 4시쯤이 되면 전화가 조금 뜸해지고, 그때 아주 잠깐의 짬이 생긴다.

그 시간을 놓치지 않고 15층 아파트를 후다닥 내려가서 바로 앞 상가에 있는 김밥천국으로 향한다. 매일 1,000원짜리 김밥 두 줄을 얼른 사 들고 와서 입에 밀어 넣는 게 우리의 점심 식사였다. 김밥이 지겨워질 만도 한데, 그것 말고는 먹을 시간이 없었기에 다른 대안도 없었다. 하루하루가 그랬다.

알루미늄 포일에 감싸진 김밥을 풀어 한 입씩 먹으며 일을 할 수밖에 없었던 이유는 택배 기사가 오는 마감 시간이 다가오기 때문이었다. 항상 오후 6시 정도에 우체국 택배 기사가 와서 물건을 가져가기 때문에 그때까지는 모든 제품의 포장을 마쳐야 했다. 그나마 우리는 배려를 해준 것이었다. 우리 집이 우체국 근처라서 다른 거래처 모두 들르고 나서야 오는 것이라 택배 픽업 시간을 그나마 최대한 늦춘 것이었다.

오후 7시 정도 택배를 보내고 나서야 전쟁 같았던 시간이 마무리되는

듯 보였지만, 진짜 일은 저녁에도 이어진다. 그날 들어온 주문을 다시 정
리하고 디자인 후 고객들의 확인을 받는 과정들이 계속되었다.

부부가 모두 웹디자인을 했었기에 따로 인건비는 들지 않았다.
홈페이지를 직접 무료로 만들었으며, 주문에 대한 디자인도 직접 했
고, 호주에서 배워온 기술로 문패를 직접 만들었으니 따로 돈이 들어가
는 것이라고는 기본 자재비와 포장비 그리고 택배비뿐이었다.

제품마다 높은 마진을 올릴 수 있었고, 한 달에 수백만 원의 돈을 저축
할 수 있었다.
게다가 달리 돈을 쓸 시간이 없었기 때문이다. 그때를 추억하면 여행
이든 외식이든 놀았던 기억이 없다. 하다못해 영화 한 편 봤던 기억도 없
다. 오로지 일에 집중했던 시간이었다.
돈을 벌려면 이렇게 에너지를 집중해야 하는 인생의 집중기가 꼭 필요
하다고 본다.
누가 시켜서 한 것은 아니다. 자발적으로 집중했던 시기를 만든 것뿐
이었다.

자발적이었기에 힘들지 않았고, 오히려 성취감이 높아졌다.
작은 성취를 달성하다 보면 점점 더 큰 성취를 얻을 수 있다.
그건 경험해보면 누구나 알 수 있다.
작은 성취부터 이루는 일부터 해야 한다.

하지만 집안 꼴은 정말 말이 아니었다. 안 그래도 작은 집이었는데 사람이 다닐 수 있는 통로만 남기고, 모두 제품 자재와 포장 박스로 가득했다. 통로만 있는 집은 이제 너무 좁아서, 더 이상 집에서의 작업은 힘들어 보였다. 결정을 해야만 했다. 사업 시작 후 처음으로 집을 탈출하여 사무실 할 만한 곳을 찾기 시작하는데, 그러던 중 딱 맞는 곳을 찾게 되었다.

목동 신시가지에 새로 생긴 39평형 주거용 오피스텔이었다. 방이 3개였고 넓은 거실이 있었기에, 일과 주거를 한 번에 해결할 수 있을 것 같았다. 문제는 비용인데 보증금 3천만 원에 월세가 95만 원이었다.

월세가 워낙 비싸다 보니 줄일 수 있는 한 가지 방법을 찾았는데, 살던 집을 전세를 주고 은행 대출을 갚으면, 적은 추가 비용으로 월세를 감당할 수 있을 것 같았다. 원래 나가던 대출 이자도 만만치 않았기 때문이다.

결국, 광명 아파트는 전세를 주고, 목동의 주거용 오피스텔 월세를 시작했다. 매달 지출하는 비용은 조금 올라갔지만 잘한 선택이었다.

새 오피스텔이라 모든 게 깨끗했고 물도 잘 나왔다. 그 전 아파트는 물이 잘 나오지 않아 잘 씻지도 않고 더럽게 살았기에, 물만 잘 나와도 그것만으로 좋았다. 게다가 목동 신시가지의 쾌적한 생활환경도 좋았다.

한결 나아진 업무 환경에 처제가 돌아왔다. 방이 3개였기 때문에 이제는 방 한 개는 부부가 쓰고, 작은 방 한 개는 처제에게 내줬다. 과거 처제가 아내와 방을 쓰는 바람에, 부부가 각방을 써야 했던 작은 아파트 시절과는 확실히 상황이 많이 좋아졌다. 그 자체만으로도 뿌듯했다.

바쁜 일손을 덜기 위해 직원들도 더 뽑았다. 사무실 책상과 집기들을 모두 새로 구입했으며, 커다란 간판용 인쇄 출력 장비를 구매했다. 인쇄 장비에 대한 투자는 외주에 의존하지 않아도 되어서 회사의 작업 능률을 높여주었다. 장비는 꽤 비쌌지만, 그 값을 톡톡히 했다.

제대로 된 회사의 초석을 하나씩 갖춰가고 있었다.

25

두 번째 방송 출연 후
깨달은 냉혹한 현실

그런데 이번에 또다시 큰 방송의 기회가 찾아왔다. 당시에 상당히 인기 있었던 프로그램인 KBS 〈무한지대큐〉였다. 아이템이 좋아서 촬영하고 싶다고 하길래, 고민 없이 바로 수락했다. 한 번 경험이 있으니 어렵지 않을 것 같았고, 오히려 즐길 수 있을 것 같았다.

그래서 모든 게 경험이 중요한 것이다. 방송 경험이 한 번 있다고 마음이 편해졌다.

역시 작은 경험이라도 해보는 게 중요한 것이다.

KBS 인기 프로그램 무한지대큐 '블루오션의 거상' 출연

어느 날 방송팀에서 오피스텔로 찾아와 온종일 촬영을 해갔다. 정말 꼼꼼하게 이것저것 찍어 갔다. 긴 시간 촬영을 해갔으니 방송에 어떻게 나올까? 기대감이 컸다.

며칠 후 방송이 나가고 진짜 난리가 났다.

'블루오션의 거상'이라는 타이틀이었다. 〈무한지대큐〉는 꽤 유명했던 저녁 프로그램이었고, 재미도 있었기 때문에 상당히 많은 사람이 시청한 것이다. 인기 프로그램이다 보니 연락이 끊겼던 친구들에게서도 연락이 오고, 여기저기서 방송을 봤다는 사람들이 많았다. 역시나 주문이 폭주했고, 나는 더더욱 바빠졌다.

눈코 뜰 새 없이 바빠진 것은 좋은 일이었지만 방송이 나간 뒤 한 가지 문제점이 발견되었다.

주문은 폭주했지만 제품의 진입 장벽이 높지는 않았다. 간판 또는 전시 관련 사업을 하는 모든 사람들은 시장 참여자가 될 수 있었다.

말 그대로 경쟁 상대가 속출했다.

내 디자인을 그대로 갖다 쓰는 양심 없는 업체들도 많았다. 어떤 업체는 내가 판매하는 가격의 절반 정도로 판매하기도 했다. 무척이나 속이 상했고, 표절하는 업체에 전화 걸어 항의하기도 했지만, 소용이 없었을 뿐만 아니라, 맘대로 하라는 둥 막무가내였다. 디자인 특허 등을 받을까 조언도 받아 보았지만, 디자인이 조금만 달라지면 그 특허도 소용이 없었다. 결국, 마진은 줄어들어 갔고, 다른 방법을 찾아야 했다. 두 번째 방송 출연 후 깨달은 냉혹한 현실이었다. 제대로 방어할 준비도 안 되어 있는 상태에서 방송의 달콤함만 잡으려 했던 것이 실수였다.

그때 문득 새로운 아이템이 떠올랐는데, 디자인조이의 두 번째 대박을 터뜨린 작품이었다.
과연 그 두 번째 작품은 무엇이었을까?

26

초대박 상품,
주차번호판으로 큰돈을 벌다

방송 이후 늘어난 경쟁 업체와 낮아진 단가 때문에 새로운 블루오션을 찾아야 했다. 그때 내 눈에 띄던 것이 하나 있었는데, 바로 사람들이 자동차에 연락처를 써두는 방식이었다. 명함이 있는 사람들은 명함을 유리창 앞에 놓아두던지, 일반인들은 그냥 메모지에 전화번호를 끄적거려 놓았을 뿐이었다. 잘 보이지도 않고 연락처가 없는 차도 많았다.

자동차가 많이 늘어나던 시기였기 때문에, 차에 연락처가 없으면 여간 불편한 게 아니었다. 게다가 오래된 아파트나 빌라 등은 지하 주차장이 없다 보니, 내 차를 막고 있는 차주에게 연락하려고 해도 주차번호판이 없으면 연락할 방법이 없었다.

여기에 기회가 있을 것 같았다.

밤새 몇 가지 디자인을 해서 시제품을 만들어보았다. 투명한 아크릴에 무지개색 홀로그램 시트지를 붙여서 만든 새로운 형태의 주차용 전화번호 알림판이었다. 만들어보니 꽤 괜찮아 보였다.

당장 판매를 위한 실행에 옮겼다. 문패를 판매하던 옥션과 G마켓에 추가로 이 새로운 상품을 만들어 올렸다. 문제는 제품의 이름과 키워드였다. 오픈마켓에 한 번도 판매된 적이 없는 제품이라 이름이 없었다.

사람들이 검색 가능한 이름과 키워드를 정해야 했다. 주차번호판, 주차알림판, 주차연락처, 주차전화번호 등등 생각나는 이름들을 모두 키워드로 넣었다. 결국, 사람들이 많이 선택하는 키워드는 주차번호판이었다.

그렇게 새로운 상품과 이름이 탄생하였는데, 그것이 우리가 지금 대중적으로 사용하는 명칭 '주차번호판'이다. '주차번호판'의 이름을 만든 장본인이자, 오픈마켓 최초 판매자가 바로 '디자인조이'다.

예상대로 오픈마켓에 올렸더니 반응이 좋았다. 가격은 6,900원이었고, 두 개 이상 구매 시 무료배송이었다. 올리자마자 꽤 잘 팔렸다.

최초의 투명 주차번호판과 영업용 판촉물로 판매했던 상품

그러던 어느 날 G마켓 MD(머천다이저−상품기획자)에게서 전화가 왔다. 상품이 독특한데 G마켓 메인 페이지에 올려도 되겠냐는 거다. 수수료도 할인해주고 배송비도 지원해줄 테니 금액을 조금 낮춰서 판매해 달라는 것이었다.

내가 본사에는 홍보 요청을 한 번도 부탁한 적이 없는데, 이렇게 G마켓 본사 MD에게서 연락이 오다니 마다할 이유가 없었다.

며칠 후 자동차 액세서리 기획페이지를 만들어 G마켓 메인에 올렸다.

아……

얼마 전 문패가 방송에 나간 후 바빠진 것은 비할 바가 아니었다. 그야말로 말도 안 되는 주문량이 쏟아진 것이다. 겨우 몇천 원짜리 판매였지만, 가격으로 따지면 매일 300~400만 원 정도의 매출이 주차번호판에서만 일어난 것이다. 며칠 사이에 매출이 수천만 원이 되었다.

그야말로 초대박 상품이 탄생한 것이다. 초대박 상품을 만들면서 벌어진 황당한 사건들이 좀 있는데 그건 다음 에피소드에 공개한다.

• 돈을 벌기 위한 아이템 찾는 방법

사람들이 불편함을 느끼는 것이 무엇인지 찾는다.
그것을 개선할 방법이 있는지 살핀다.
시중에 그런 제품이 있는지 찾아본다.
이미 있다고 해도 더 개선할 수 있는지 연구한다.
대중의 불편을 해소할 수 있으며 실용적이고 아름답다면
그것은 히트 상품이 될 가능성이 매우 크다.
제품이 아닌 서비스도 마찬가지다.
불편함을 그냥 지나치지 말라.
여전히 그런 시장은 주위에 끝없이 존재한다.

주차번호판은 그런 불편함의 관찰에서 탄생했다.

27

전 직원의 퇴사가 몰고 온 충격

초대박 상품의 후폭풍은 컸다.

하루 수백 개씩 수작업으로 한 땀 한 땀 만드는 이런 제품은 기계로 찍어 내는 게 아니다 보니, 디자인, 제작, 포장, 배송하는 일련의 과정들이 너무 힘들었다.

그도 그럴 것이 몇천 원짜리지만 고객들의 정보를 모두 정리해서, 고객마다 원하는 디자인을 해내야 했고, 깔끔하게 잘 만들어졌는지 검수와 포장까지 모두 수작업으로 했기 때문에 정말 고됐다. 행복한 아우성이라

하기에는 피로도가 극에 달했다.

당연히 돈은 되었다. 한 달에 천만 원 이상 저축하는 달이 이어졌다. 초대박 상품은 그런 거였다. 준비가 되어 있는 자에겐 큰돈을 벌 기회였다. 준비가 되지 않은 자에겐 한편으로는 고통일 수도 있었다.

얼마 지나지 않아 결국 문제가 발생하기 시작했다. 지난번 방송에 노출된 것과 마찬가지의 일이 발생했다. 진입 장벽이 낮은 이 제품을 따라 하는 경쟁 업체가 부지기수로 늘어났다. 우리 제품은 6,900원이었는데 비싼 편이었다. 가격을 2천 원대까지 내려서 판매하는 업체들도 있었다.

최초 상품에서 업그레이드한
심플한 주차번호판

우리가 원조지만 카피 제품과 가격 경쟁력에서 비교가 되지 않았기에 가격을 내릴 수밖에 없었지만, 매출은 떨어지고 있었다. 뭔가 새로운 돌파구를 다시 찾아야 했다.

그런데 진짜 큰 문제는 지금부터였다. 몇 명 안 되는 직원들이 너무 힘들어했다.

짧은 시간에 많은 제품을 계속 만들다 보니 실수도 잦았다.
디자인 실수 또는 다른 번호를 만들어 배송하는 때도 있었다.

실수로 고객이 주문한 것과 다른 제품이 배송되는 경우에는 새로 만들어서 배송해야 했고, 제작비와 택배비 등이 또 들어가기 때문에 손해도 두 배였다. 고객이 주문한 전화번호와 디자인을 매칭시키는 작업도 필요한데, 작고 저렴한 제품이지만 일련의 과정들이 손이 많이 갈 수밖에 없는 구조였다. 게다가 짠 월급에 일을 너무 많이 시키다 보니 악덕 업주라고 직원들끼리 수군대는 말도 귓가에 들려왔다.

어느 날 나이가 제일 많았던 직원이 와서 내게 얘기했다.

"사장님…. 저희 내일부터 안 나올게요. 너무 힘들어요!"

나는 어떤 점이 힘든지 물어봤다. 돌아오는 대답은 같았다. 급여가 적은데 노동의 강도는 너무 세다는 것이었다. 올려달라는 급여의 폭이 너무 컸기 때문에 그 의견을 들어줄 수도 없었다. 원하는 바를 맞춰주면 너무 좋겠지만, 이윤이 거의 없어지는 수준이라 어려웠다.

그보다 적은 수준의 급여 인상으로 설득해도 소용이 없었다. 이미 직원들끼리 입을 맞춘 뒤라 그들의 의견은 완강했다. 본인들의 의견을 수용하든지 아니면 알아서 하든지였다. 이렇게도 저렇게도 못 해서 나간다는 직원들을 잡을 수도 없었다.

결국, 하루아침에 모든 직원이 그만뒀다.
말이라도 하고 그만둔 것을 감사해야 하나 싶었다.

정말 머릿속이 하얘졌다.

배신감과 섭섭함이 밀려왔다.

모든 게 내 맘 같지 않았다.

초보 사장이 겪기에는 마음의 상처가 컸다.

현실로 돌아와 보니 무엇보다 밀려 있는 주문량 처리가 걱정이었다. 결국, 나와 아내 그리고 처제, 이렇게 셋만 덩그러니 남아 밀린 주문을 처리했다. 다행히 모든 것을 할 수 있는 세 사람이었다. 여섯 사람이 하던 일을 세 사람이 하려니 정말 죽을 맛이었다. 그렇지만 최선을 다해 밀린 주문을 처리했다. 다시 채용 공고를 올리고 새로 직원을 뽑고 정상화하기는 했으나 전 직원 퇴사 후 많은 걸 느꼈다.

작은 회사다 보니 시스템에 문제가 많았던 것을 인정한다.

모든 제품을 수작업으로 만들었기 때문에 일손이 꼭 필요한 일이었다.

그러나 위기의 순간엔 역시 가족이 남았다.

어렵다고 누가 대신해 줄 수는 없었다.

성공한 사람들은 다 이런 과정을 겪었겠구나.

더욱 겸손한 자세로 사업에 임해야겠다고 마음먹었다.

전 직원의 퇴사가 불러온 충격은 컸다.

다시는 겪고 싶지 않은 일이기도 했다.

일손이 덜 가는 시스템을 만드는 방법과, 적게 일하고 많이 남기는 방법을 찾아야 했다. 너무 단순한 노동 집약적인 일을 탈피하는 계기로 만들어야만 했다. 다시는 이런 일이 없어야 하기에 작은 회사 사장으로서 더 나은 회사 시스템을 구축하는 계기를 다지는 사건이었다고 볼 수 있다.

28

왜 나는 남 좋은 일만 할까?
나만의 경쟁력을 키우자

BRANDING

초대박 상품의 경험을 통하여 새롭게 한 단계 성장하는 계기가 되었다고 볼 수 있다. 경쟁 상대의 진입이 쉽지 않은 나만의 경쟁력을 키워야 했다. 누구나 할 수 있는 것을 한다면, 결국 가격 경쟁밖에 할 것이 없다. 경쟁 상대와 다른 나의 경쟁력은 무엇이고, 없다면 그걸 만들거나 다른 방법을 찾아야 한다.

방송 출연 후 한 단계 업그레이드된 사업 전략을 구상했다. 남들은 당연했지만 나는 당연하지 않았으니까 나도 그 경쟁력을 찾아야 했다. 그래서 결국 사업 방향을 전환하고자 마음을 먹었다.

경쟁 상대의 진입이 쉽지 않은 일로 업그레이드를 해야 했다. 아이디어 상품으로 만든 문패와 주차번호판이 나름대로 잘 팔릴 때였지만 수많은 경쟁자로 인하여 가격은 내려가고 이윤은 점점 줄고 있었다.

사업을 업그레이드하려고 이미 마음은 먹었으나, 사실 내가 알고 있는 지식이 별로 없었다. 기껏해야 누구나 만들 수 있는 작은 소품 몇 개를 만드는 것이라 기술이라 불리기에도 민망한 것이었다. 내가 가고자 하는 시장은 디자인 경쟁력을 갖춘 간판 시장이었고, 사업자들을 대상으로 하는 B2B(기업이 기업을 상대하는 시장) 사업만이 경쟁력이 있어 보였다. 그중에서도 디자인을 중심으로 한 기술이 있는 간판을 만들어야 했다.

그 당시만 해도 간판 업체들의 상황은 열악했다. 동네마다 크게 '간판'이라고 쓰여 있는 가게들을 가보면 정신없고 깔끔하지 못했다. 게다가 사장님들과 얘기를 나눠보면 대화가 잘 통하지 않았다. 모두가 그렇지는 않았지만 대부분 불친절한 것은 물론이고, 서비스 마인드도 부족했다.

고객들에게 쾌적한 환경에서 좋은 서비스를 할 수 없을까 고민했지만, 내가 아는 게 별로 없으니 어딘가에서는 배워야 했는데, 내 장비가 없었던 사업 초기에, 문패에 필요한 인쇄 출력 등을 저렴하게 도와주시던 동네 간판집 사장님이 생각났다.

그분은 전통적인 간판 기술자였다. 나름대로 오랫동안 간판을 해 오셨는데 친절한 것은 물론 성격도 좋으셨다. 내가 일을 배우기에는 적임자였다. 그 사장님께 이렇게 제안했다.

"제가 일을 가져오고 디자인까지 해드릴 테니, 간판을 제작해서 설치해주시고 수익을 나누면 어떨까요?"

디자인 경쟁력이 부족했던 사장님은 흔쾌히 허락하셨고, 그렇게 서로 상생 사업이 시작되었다. 나는 홈페이지를 통해서 간판을 알리고 주문을 받았다. 그때만 해도 간판 주문을 홈페이지로 받는 회사는 거의 없었다. 웹디자이너이자 IT 회사 경험을 바탕으로 직접 마케팅을 했다.

내가 간판 쪽으로 사업을 시작한 것을 홈페이지에 올렸더니, 기존에 문패를 주문했던 고객들도 사무실용 또는 사업용으로 작은 간판들을 구매하기 시작했다. 고객들의 주문이 하나둘 늘어나면서 작은 포트폴리오들이 생겨나기 시작했고, 좀 더 다양한 형태의 결과물이 늘어나기 시작했다.

간판집 사장님을 따라다니면서 견적 내는 법도 배웠다.
처음부터 규모가 큰 간판이 들어올 리는 없었다.
겨우 몇십만 원 정도 되는 주문들이었다.

초보 사업자의 실수가 그대로 손해로 이어진 첫 간판

　어느 날 회사 홈페이지를 통해 인사동의 한 갤러리 간판 의뢰가 들어왔다.

　원하시는 요청사항이 확실하게 있는 것이었다. 크게 어렵지 않아 보여서 대수롭지 않게 대략 견적을 드리고 작업을 착수했다. 내가 낸 견적으로는 약 100만 원짜리 간판이었다. 사실 처음 100만 원을 넘긴 간판이다.

　일을 진행하다 보니 갤러리 관장님의 요구사항대로 만드는 것 자체가 쉽지가 않은 형태였고 제작 비용도 생각보다 많이 들었다. 그걸 모르고 100만 원에 계약한 것이다.

간단한 일이라고 걱정 말라고 했던 간판집 사장님도 생각보다 비용이 많이 들어가다 보니 당황하셨다. 모양 자체가 손이 많이 갔고, 글씨 자체 무게 때문에 붙이고 나면, 다음 날 자꾸 떨어졌다. 손상된 부분을 다시 만들어야 했기에 손해는 늘어 갔다.

우여곡절 끝에 원하시는 요청사항을 모두 파악하여 만들다 보니 실제 제작과 시공에 약 200만 원이라는 돈이 들어갔다.

요구사항은 처음부터 명확했는데, 경험이 없다 보니 견적을 잘못 계산한 내 잘못이었다. 그렇다고 돈을 더 달라고 할 수는 없었다. 고스란히 100만 원의 손해로 이어졌다.

지금 보면 적은 금액일 수 있지만, 그땐 그게 참 커 보였다.

초보 간판 사업자의 뼈아픈 경험이었다.

손해를 보았지만 그런 경험을 하며, 나는 다시 시작하는 마음으로 새로운 도전을 하고 있었다. 그렇게 작은 경험들이 쌓여갈 무렵, 인테리어 사업을 하는 지인을 통해서 일이 하나 들어왔다.

그 금액이 무려 3,500만 원짜리 일이었다.

초보 간판 사업자에게 들어온 대형 프로젝트에 바짝 긴장이 되었다.

잘해보고자 하는 마음이 가득했고, 현장을 뛰어다니며 정말 열심히 했다. 그런데 이 일은 실로 엄청난 상처를 남겼다.

잘 모르는 분야는 돌다리도 두드리는 심정으로 해야만 했다.
상대의 말만 믿고 진행하기엔 위험성이 너무 많았다. 그걸 모르고 진행하면 큰 손실을 감수해야만 한다.

그때 이걸 알았다면 얼마나 좋았을까 후회도 되지만 또 배운 게 많다.
다음 에피소드에서 또 하나의 큰 경험을 소개한다.

29

처참하게 실패한 첫 대형 프로젝트

간판업 초보자에게 처음으로 들어온 대형 프로젝트.

모 은행을 다니던 임원께서 현직에 있을 때 의뢰를 한 일이었다.

퇴직 후 개인 사업을 미리 준비하기 위해 선택한 일이었기에, 내가 그분의 미래를 위해 최선을 다해야겠다는 생각으로 열심히 기획하고 준비를 해야 했다. 그분이 의뢰한 일은 섹시한 콘셉트의 바와 카지노 게임 같은 것을 하는 사행성 유흥 업종이었는데 견적을 내보니 그 간판 금액만 3,500만 원이나 되었다.

물론 내가 혼자 견적을 낼 실력이 없었기 때문에, 함께 일하시던 간판 집 사장님께서 견적을 내주셨고, 나는 디자인 비용 등 이윤을 조금 얹어서 제시했는데 다행히 승인이 되어 공사 계약을 하고 진행할 수 있었다.

수백 평의 상가건물 두 개 층을 사용하는 공사였고, 인테리어에도 수억 원의 막대한 돈이 들어갔다. 최대한 눈에 잘 띄게, 그리고 많은 사람이 간판을 보고도 이용할 수 있도록 하는 것이 목표였다.

자재 구매 등을 위하여 계약금을 먼저 받고, 함께 하시는 간판집 사장님과 나는 현장을 열심히 뛰어다니면서 고객의 의견도 듣고, 밤낮으로 디자인하고, 간판 제작 공장들도 뛰어다니며 열정적으로 일을 했다.

실패한 대형 프로젝트

의뢰인은 디자인도 맘에 들어 하셨고, 공사 진행 중에도 흡족하게 작업 과정을 지켜보고 계셨다. 이렇게 첫 대형 프로젝트로 진행했던 공사가 잘 마무리되어 가는 듯 보였다. 그런데 공사는 거의 끝나가는데 잔금 지급을 차일피일 미루는 고객 때문에 스트레스가 쌓여갔다. 자재 업체, 제작 공장, 인건비, 크레인 임대료 등등 지급해야 할 돈은 산더미인데 잔금이 들어오지 않는 것이다.

오늘 줄게, 내일 줄게, 다음주에 줄게……. 계속 늦어져 갔다. 계약금과 중도금이 2천만 원 정도 들어온 상황이고, 잔금 1,500만 원이 남아 있었다.

속이 타들어 갔다.
자금 압박은 심해지고 돈은 나오지 않았다.
간판은 완료되었지만, 잔금이 계속 지급되지 않고 있었다.

거기엔 이유가 있었다.
시청에서 섹시바와 카지노바 허가가 나오지 않는 것이다.
사행성 카지노 형태는 이유를 불문하고 허가가 안 된다는 것이다.
컨설팅을 제대로 못 한 인테리어 측 잘못이지만 때는 늦었다.
인테리어와 간판의 전면 교체가 불가피했다.
그런 이유로 간판 잔금 지급 거부 사태.

아니….

원하는 대로 해주고 작업까지 완료되었는데, 허가가 안 난다는 이유로 잔금 지급 거부가 말이 안 되었다. 어디에 하소연하거나 호소할 데도 없었다. 간판을 모두 다른 콘셉트로 교체하고 추가로 돈을 받든지, 아니면 알아서 하라는 것이었다. 교체 비용만 해도 잔금으로 받을 돈을 넘어가야 하는 상황이 발생한 것이다.

큰일이었다.

나를 도와준 간판집 사장님과 협의를 했다. 일단 기존 잔금이 해결되지 않으면, 다음 공사는 진행을 못 한다고 했다. 그렇게 우린 그 일에서 손을 떼고 계속 잔금 지급을 요구했다.

희극과 비극 중에, 우리의 결과는 비극이었다. 몇 개월간 계속되는 말다툼과 감정싸움을 하였으나, 결국 잔금은 받을 수 없었다.

동업 사장님은 결국 내게 그 돈을 달라고 요구하기에 이르렀는데, 난 일을 소개하고 디자인만 했을 뿐 견적 등 거의 모든 일은 그 사장님이 진행하셨기에, 내가 모든 비용을 책임지는 것은 불가능했다.

잔금을 안 주는 사람은 따로 있는데, 이제 같은 편끼리의 감정의 골이 깊어지고 있었다. 1,500만 원의 잔금 중에서, 내가 500만 원을 드리는 것으로 하고 정리했다. 결국, 의뢰한 곳에서의 잔금 1,500만 원은 받지 못했다. 그 일로 그 간판집 사장님과의 관계는 끝이 났고, 나는 다시 홀로 일어나야만 했다.

금전적 손해는 물론이거니와 잘 지낼 수 있었던 파트너 사장님과도 결별이었다.

그 이후 유흥 쪽 관련 일은 비용이 아무리 많아도 쳐다보지 않는다.

지금 내 옆머리가 하얗게 센 건 이때부터인 것이 틀림없다.

육체노동보다 감정노동이 사람을 노화시킨다.

첫 대형 프로젝트는 실패했지만, 실패에서 배우는 교훈은 반드시 있다.

돈이 걸린 문제는 더욱더 신중해야 한다.

내게 들어온 큰 프로젝트와 큰돈에만 초점을 맞췄기 때문에 문제의 핵심을 읽지 못해 벌어진 일이었다. 결과적으로 내 잘못은 아니었지만, 누구도 탓할 수 없었다. 좀 더 신중해야만 했는데 그러지 못했던 내 잘못이었다.

큰 손해와 상처를 딛고, 긍정적인 마음으로 다시 시작하기로 했는데, 다행히도 죽으란 법은 없는지 또 하나의 대형 프로젝트가 들어왔다.

일로 상처받은 마음을 또 다른 일로 상처를 덮을 기회가 온 것이다.

30

강남역 랜드마크를 내 손으로 만들다

요즘 MZ 세대들은 잘 모를 테지만, 예전에는 강남역에서 약속을 잡는다면 거의 여기라고 할 만큼 명소가 하나 있었으니, 그곳은 바로 강남역 6번 출구 앞 뉴욕제과였다. 지금은 신분당선으로 인하여 출구 번호가 바뀌었지만, 뉴욕제과는 항상 사람들로 붐볐고 그만큼 유명했다.

어느 날 그 건물이 리모델링 들어가면서 간판 의뢰가 들어왔다.

부족한 간판 경력이지만 운 좋게 또 큰일이 들어온 것이다.

소개를 받고 현장을 찾아가서 실무진과 첫 미팅을 했는데, 내 특유의 긍정적인 마인드와 디자이너 경력, 방송 출연 경력 등을 어필했고, 일을 맡겨주시면 잘할 수 있을 것이란 자신감을 가지고 미팅을 했다.

그 당시의 간판들이란 게 거의 비슷비슷했다. 도시를 뒤덮고 있는 간판 대부분은, 형광등이 들어오는 형태의 사각형 간판(파나플렉스 간판)이거나, 네온(네온사인)으로 만든 것들이었다.

그중 2000년대 초반에 개발된 파나플렉스 소재는 가격이 합리적일 뿐만 아니라 내구성도 좋아서 가장 인기 있는 간판의 종류 중 하나였지만, 간판의 크기가 크고 형광등을 자주 교체해야 하다 보니 유지보수에 꽤 비용이 많이 든다는 단점이 있었다. 무엇보다 아름다움과는 거리가 먼 간판이었다.

또 다른 형태인 네온사인 같은 경우에는 노래방이나 나이트클럽 같은 화려함이 필요한 유흥업소에서 많이 사용했지만, 가격이 비쌌고 역시 유지보수 등 손이 많이 가는 제품이었다.

당시 LED 형태의 간판이 조금씩 자리를 잡아가던 터였다. LED를 다루는 곳이 많지 않은 데다가 비용이 꽤 비쌌고, 제대로 시공할 줄 아는 사람도 많지 않았다. 하지만 시대의 흐름이 친환경 저전력의 장점에 내구성까지 갖춘 LED는 대세가 될 것으로 보였다.

나는 제안서를 만들어야 했다. 리모델링을 하며 1층은 그대로 뉴욕제과로, 2층은 이탈리안 레스토랑으로 변모할 예정이었다.

자연스럽게 1층과 2층을 연계해야 했는데 그러다 보니 새로운 브랜드와 로고가 필요했다.

　브랜딩과 네이밍 전문 업체를 수소문하여 적합한 업체를 찾을 수 있었고, 그곳에 새로운 로고와 브랜딩을 의뢰했다. 네이밍과 로고를 만드는 비용은 매우 비쌌다. 지금으로부터 15년 전에도 1,500만 원이라는 돈은 적지 않은 금액이었지만 업체 대표님의 자신감과 당당함을 보고 협업을 의뢰했다.

　브랜딩과 로고 비용이 이렇게 비싸다 보니, 간판 비용도 덩달아 올라갔다. 왜냐하면, 브랜딩 비용을 모두 포함해야 했기 때문이다. 다행히도 최종 미팅에 통과되어 총금액 5천만 원에 계약하게 되었다. 초보 간판업자가 진행하기에는 엄청나게 큰 금액이었다. 브랜딩 비용 1,500만 원을 제외하더라도, 간판 비용 3,500만 원은 여전히 내가 진행하기에 부담스러운 금액이었다.

　당시에는 내가 간판 관련 지식이 부족했기 때문에 현장을 뛰어다니며 몸으로 때웠다. 그렇게 몸을 부지런히 움직여서 재탄생한 것이 1층은 'ABC 뉴욕제과'였고, 2층은 '아비치로마'라는 프렌치 이탈리안 레스토랑이었다.

　뉴욕제과 앞에 ABC가 붙은 것은 건물주이자 소유주인 ABC 그룹의 상징 때문이었고, 아비치로마 레스토랑의 아비치(ABICI)는 이탈리아어로 ABC를 의미했다.

사실 의미를 따져보면 별것 아니지만, 브랜딩은 그런 것이었다.

고객이 브랜딩에 대해 이해를 하도록 해주고 앞으로 그걸 어떻게 사용하면 되는지 가이드라인을 제시하여 공감을 얻는 작업이었다. 옆에서 지켜보면서 어떻게 하면 고객을 설득하고 일을 진행하는지 잘 배웠던 순간이었다.

간판도 당시에는 가장 비싼 가격의 최고급 LED 간판을 제작했다.

글자 한 개에 50만 원씩 하던 무시무시한 가격의 글씨들이었다.

여기저기의 도움을 받아 하나씩 일을 진행해 나갔다.

물론 내가 모르는 게 많다 보니 인부들의 잡다한 일을 도와주느라, 사다리 위에서 위험천만한 상황도 견뎌야 했다. 많은 사람이 붐비는 강남역 앞에서 사다리를 타고 부들부들 떨고 있는 내 모습을 보고 있자니 어느 순간 창피하기도 했지만 내가 꼭 경험해야 할 부분이라 생각했다.

한 달여의 노력 끝에 일은 잘 마무리가 되었고, 강남역의 랜드마크 격의 간판을 만들었다는 뿌듯함이 몰려왔다. 그렇게 내가 만든 뉴욕제과 간판은 꽤 오랫동안 유지되었고, 수년이 흐른 뒤, 나중에 패스트 패션 매장으로 바뀌면서 결국 없어지게 되었지만, 그때의 뿌듯함과 성취감을 잊을 수 없다.

강남역 랜드마크였던 ABC 뉴욕제과 간판

 간판 초보 사업자였던 나는 이것저것 부딪치며 하나씩 하나씩 성장해 나갔다.

 실력이 좋아서 일을 맡은 것이 아니라 정말 운이 좋아서 맡은 일이었 기에 더욱 겸손해야 했다. 큰 규모의 일에도 주눅 들지 않고 내가 할 수 있는 제일 나은 방법을 찾아 나섰고, 최대한 고객의 의견을 들으려 노력 했으며, 하나라도 더 배우기 위해서 최선을 다했다.

큰일을 했던 경험이 별로 없던 상태에서 맡았던 일이었기에 진행 중간 중간 매우 힘들었지만, 이 프로젝트를 성공적으로 완수하면서 내가 맡은 일에 대한 자신감을 키우는 계기가 되었다. 좀 더 경쟁력 있는 일에 대한 발판을 마련한 것이다.

뭐든 처음엔 어렵다.

작은 경험들이 모여 그것에 대한 성취감들이 쌓여나가다 보면 어느덧 큰일을 할 수 있게 된다. 그래서 작은 경험들도 무시하지 말고 해야 한다.

처음부터 큰일을 할 수도 없고, 큰일이 들어온다고 해도 그것을 해나갈 밑바탕이 되어 있지 않으면 일을 그르치게 된다.

작은 것부터 무시하지 말고 차근차근 밟아나가면 반드시 큰 성취를 이루게 됨을 명심하자.

그것이 큰일을 해내기 위한 가장 빠른 길이자 탄탄한 길임을 잊지 말자.

BRANDING

Part 4

작은 성취가 큰 성취를 낳는 법이다

31

내 돈은 누가 아껴주지 않는다, 공짜로 월세 쓰는 법!

간판 사업의 영역을 확장하다 보니, 좀 더 큰 제품들을 제작해야 했는데, 작은 소품만 만들던 기존의 오피스텔 사무실은 일하기에 좀 불편했다. 사무실 겸 주거를 함께 해결하던 오피스텔을 벗어나서 새로운 곳을 찾아 나섰다. 이제 정말 사업자로서 뭔가 한 걸음을 내딛는 기분이었다.

사업을 시작한 이후 처음으로 주거와 일을 분리했다.

사실 그동안은 일과 주거를 분리할 필요를 느끼지 못했지만, 첫 아이가 태어나면서 주거 또한 쾌적한 환경을 만들어줘야 했기 때문이었다.

일과 주거의 분리라는 개념도 없이 달려온 몇 년이었다.

우연히 시작된 사업이다 보니 그냥 앞만 보고 달려왔고, 지출을 최대한으로 줄이려는 방편으로 집에서 일을 해왔는데, 이제 아이 때문에라도 일과 주거의 분리는 필수적이었다. 그동안 목동 오피스텔에서 해왔던 기능인, 주거와 업무공간 두 가지를 모두 해결해야 했다.

당시에 버블세븐이란 말이 등장하면서, 강남에서 시작된 부동산 가격의 상승은 분당, 용인 등 수도권으로 걷잡을 수 없이 퍼져 나갔고, 연일 버블세븐을 조심하라는 뉴스가 보도될 때였다.

연일 오르는 아파트 가격 상승의 광풍 덕에 내가 소유한 아파트도 내려갔던 가격을 회복하고 어느덧 사들였던 금액까지 가격이 올라오자, 참지 못하고 처음 샀던 금액에 아파트를 팔았다. 그동안 대출 이자를 낸 것까지 고려하면 큰 손해를 본 것이다. 공부도 없이 진행했던 일이라 재테크 초보자 티를 아주 팍팍 낸 것이다.

그렇게 집을 팔고, 구로구의 대단지 39평형 오피스텔을 전세로 들어가며 주거 기능을 해결했는데, 남아 있는 문제는 업무공간을 구해야 하는 것이었다. 게다가 갓 태어난 첫째 아이가 있었기에 업무공간도 집에서 멀지 않은 곳으로 찾아야만 했다.

집 가까운 곳에 상가를 구할까도 생각해봤지만, '간판'이라는 타이틀을 걸고 손님들을 맞이하는 매장 형태의 사업은 생각해본 적이 없었다. 특히 매장을 운영하면 계속 가게를 열어놔야 하는데, 나의 고객층은 주로 인터넷에 있기에 가게 형태는 필요가 없었다. 오히려 손님이 자꾸 찾아오면 일하는데 맥이 끊겨 오히려 작업 능률이 오르지 않을 수도 있었다. 기존에 간판 사업을 하시는 분들과는 영업 전략이 다른 온라인 홍보 형태였기에, 내가 하는 일은 매장보다는 사무실이 적합했다.

열심히 사무실을 구하러 다니다가 아파트형 공장이란 게 있다는 것을 알게 되었다. 요즘엔 지식산업센터 하고 줄여서 '지산'이라 불린다. 말 그대로 아파트형 공장은 아파트 형태로 수직으로 지어진 업무공간이자 공장이었다.

지금도 전국적으로 많이 지어지고 있지만, 당시에 전국에서 가장 큰 규모의 '지산'들은 구로와 가산 국가산업단지에 모여 있었다. 몇 군데 부동산을 돌며 이 건물 저 건물 알아보다가 구로디지털단지역에서 멀지 않은 한 대형 건물에 입주 계약을 했다.

기존에 주거와 업무를 함께 해결했던 오피스텔에 비하면 2.5배 수준의 월세 지출이 필요했지만 확실히 넓은 공간에서 편하게 일할 수 있는 것은 큰 장점이었다.

게다가 사업을 시작한 이후 처음으로 출퇴근의 개념이 생긴 날이었다. 구로 · 가산 디지털단지에 그렇게 자리를 잡게 된 것이다.

새로운 집과 사무실을 오가며 새로운 환경에서 잘 적응해갔다. 월세도

꼬박꼬박 잘 내는 세입자였다. 그렇게 6개월 정도 잘 지내고 있었다. 그런데 아무리 생각해도 매달 나가는 250만 원 가까운 월세 비용이 너무나도 아까웠다. 어떻게 해서든지 지출 비용을 줄여야 했다.

두 칸을 사서 한 칸 월세를 주며 사용했던 사무실

월세를 줄일 수 있는 방법이 없을까 고민에 고민을 거듭한 끝에 묘안이 한 가지 생각났다.

그 묘안을 아내에게 얘기했고 당장 실행에 옮겨 보기로 했다.

생각했던 첫 번째 방법은 단순했다. 월세를 내는 것보다 분양이나 매매를 하고, 대출받아 은행 이자를 내는 것이 낫다고 판단했다. 그런데 분양을 받아서 입주까지 기다리기에는 시간이 너무 오래 걸리고, 분양 자체도 많지 않았을 때였기에 일단 분양을 계약하고 기다려 보기로 했다.

가산디지털단지역 바로 앞에 꽤 괜찮은 가격에 분양하는 현장이 있어서 분양 계약을 하고 1년 정도를 기다릴 생각이었다. 건물도 꽤 크고 위치도 좋아서 계약했는데 입주 날짜까지 오랜 시간을 기다려야 했다. 그것도 그렇지만 건설사에서 자꾸 계약 사항을 바꾸고, 지하 주차장 증설을 한다며 추가 부담액을 조금씩 올리는 등 자꾸 신경을 쓰게 만들었다. 그 때문에 난 분양 계약을 파기하고, 기존에 이미 지어져 있던 사무실을 매매로 사들이기로 마음먹었다.

요즘이야 다양한 평형과 다양한 평면으로 분양을 하니까 일반 오피스로 사용하기에 좋아졌지만, 당시의 아파트형 공장의 규격은 판에 박은 듯 비슷했다. 보통 분양 평수 70~80평에 실평수는 35~40평이 대부분이었다. 분양 평수 80평이면 실제 사용할 수 있는 전용 평수는 40평 정도였으니 분양 면적 대비 전용 면적은 50%에 불과했다. 내가 사무실로 필요한 공간은 실제 40평이면 충분했기 때문에, 분양 80평 정도의 사무실 물건을 구하러 다녔다.

국가산업단지로 관리되는 구로·가산 디지털 산업단지에서 적합한 곳을 여기저기 찾기 시작했는데, 구로디지털단지와 비교했을 때 가산디지털단지는 가격이 좀 더 저렴했다. 구로·가산 디지털 산업단지는 총 3개의 단지로 구성이 되어 있는데, 구로디지털단지역 주변이 1단지였고, 마리오아울렛 등이 위치한 곳이 2단지, 가산디지털단지역과 1호선 독산역에 이르는 가장 넓은 부지가 3단지였다.

1단지와 2단지는 개발할 부지도 많이 남지 않았었고 좀 더 비쌌기 때문에, 아직 개발할 곳이 많이 남아 있고 그나마 조금 저렴했던 3단지를 집중적으로 찾기 시작했다. 수소문한 결과 괜찮은 물건을 발견했다. 가산디지털단지역 주변에 급매로 나온 물건이었는데, 1호선과 7호선이 있는 더블 역세권이고 빠른 이동을 위한 서부간선도로 진입 조건도 양호했다.
내가 하는 사업의 특성상 시공팀이 매일 시공을 위해 이동하는 동선도 중요했기 때문이다. 급매로 나온 물건은 분양 140평 정도 되고 전용 80평 정도로 넓게 나온 물건이었다. 내가 필요한 평수는 전용 40평인데, 두 배로 큰 물건이라 금액 때문에 고민이 되었다.

당시 매매 가격은 평당 485만 원. 총금액 6억7천5백만 원 정도에 살 수 있었다.(지금은 이 지역 분양가도 상당히 많이 올랐다.) 내가 가진 현금을 모두 탈탈 털어 보니 1억2천5백만 원 정도가 가능했다. 나머지 잔금 5억5천만 원은 대출을 받아야 했다.

'지산'의 최대 장점이 사업자를 위한 상품이다 보니 대출이 많이 나온다는 것이었다. 부족한 금액은 다행히 대출로 충당할 수 있었다. 매우 다행스러운 일이었다.

잔금을 치르는 것도 빠듯했는데 매매는 취등록세도 필요하다. 그걸 고려하지 못해서 마이너스 통장 등 할 수 있는 모든 방법을 동원하여 그야말로 영끌(영혼까지 끌어다 씀)하여 간신히 잔금을 치를 수 있었다.

2007년 당시 은행 이자율은 6%~7% 정도였는데, 5억5천만 원을 대출받으면 월 대출 이자가 250만 원 정도가 나가게 될 것이었다. 그대로 내가 전용 80평을 모두 사용하면 기존 월세 250만 원가량 내는 것이나, 은행 이자로 250만 원을 내는 것이나 별반 차이가 없었다. 오히려 재산세 등이 추가로 나갈 것이라 더 불리했다.

그대로 내가 다 쓴다는 가정을 했을 때 그렇다는 것이다.

그렇지만 나는 실평수 80평 정도의 사무실을 구하지 않았는가?

절반으로 나눠, 내가 필요한 40평을 쓰고 나머지 40평은 임차인을 구했다.

생각보다 어렵지 않게 임차인을 구할 수 있었다. 역세권이기도 하고, 냉난방기 등 사무실 인테리어도 어느 정도 되어 있었으며, 그 건물에서 유일하게 야외 정원 같은 것이 붙어 있어 환경이 쾌적했다. 그렇게 구한 임차인에게 월세 230만 원을 받기 시작했는데, 대출받은 5억5천만 원에 대한 은행 이자 대부분을 임차인에게 받은 월세로 처리할 수 있었다.

내가 쓰는 사무실은 거의 월세 없이 사용할 수 있는 세팅을 만든 것이다. 이것이 내가 생각한 매달 나가는 고정 월세를 줄일 방법이었다.

내가 필요한 공간의 두 배 이상을 마련하고, 대출 이자를 임차인이 내도록 한 것. 이 방법은 지금도 잘 활용하고 있다.

많은 사람이 대출 일으키는 것을 두려워한다. 하지만 감당할 수 있는 대출은 두려워할 필요가 없다. 나는 이 투자를 통해 고정 비용을 획기적으로 줄였을 뿐 아니라, 나중에 이 물건을 꽤 차익을 내고 매각을 했다. 팔려고 했던 것은 아니었지만 다른 투자를 위해 과감하게 정리했다. 매각하지 않고 지금까지 보유했으면 훨씬 더 좋았겠지만, 또 다른 물건으로 갈아타는 밑거름이 되었으니 후회하지 않는다.

얻는 것이 있으면 잃는 것도 있는 법이고, 모든 것을 가지려고 욕심내지 않는다. 처한 환경에서 제일 나은 선택을 하면 되는 것이다.

인생의 모든 순간, 내가 선택하지 않은 것이 없다.
좋은 선택도 있을 수 있고, 나쁜 선택도 있을 수 있다.
그것 또한 본인의 선택이다.

좋은 선택을 했다면 그 자체로 좋은 것이고, 그렇지 못한 선택을 했다면 그것을 교훈 삼아 다음 선택을 잘하면 될 것이다.

지금 좋은 게 정말 좋은 게 아니고 지금 나쁜 게 진짜 나쁜 게 아닐 수도 있다는 사실을 살다 보면 깨닫게 된다. 언제나 좋은 선택만을 할 수는 없다.

만약 다른 선택을 하더라도 얻는 게 있다면 그 자체로 좋은 교훈이 될 것이다.

32

이제 회사 대표로서 역할을
잘해야 한다

사무실 두 개를 사서, 한 개는 임대로 주는 방식으로 내 월세는 대체할 수 있었다. 그렇게 아낀 여유 자금으로 3년간 발이 되어 주었던 스포티지 차량을 업그레이드하기로 했다. 고정 비용을 줄이다 보니 약간의 여유가 생겼다. 3년 된 첫 차 스포티지를 부모님께 드리고 조금 더 쾌적한 차로 바꾸기로 했다. 마음에 여유가 약간 생기다 보니 원래 수입차도 알아봤지만, 그것까지는 좀 무리였다.

그때의 자금 사정으로는 3천만 원 내외의 국산 차가 맞을 것 같았다.

당시 기아에서 나온 오피러스 신형이 많은 인기를 끌고 있었는데 동그란 헤드램프를 달고나와 마치 벤틀리를 오마주한 듯한 디자인이었다. 디자인은 맘에 들었으나 좀 나이가 들어 보이는 느낌인 데다가 그것도 옵션이 좀 들어가면 3천만 원 중후반에서 4천만 원이 훌쩍 넘었다.

넉넉하지 못한 자금 탓에 3천만 원 후반대의 차량도 과하다고 생각했고, 결국 나에게 맞는 차량은 그랜저TG의 고급형이 낙점되었다. 사업자의 세금 처리도 겸할 목적으로 구매 방법은 리스를 선택했다. 당시 월 리스료는 약 70만 원 후반 정도였는데 감당할 만한 수준이었다.

스포티지를 타고 다니면서 실무에 대한 감각과 경험을 쌓았다면, 이제 영업을 중점적으로 하기 위해서는 좀 더 점잖은 느낌이 필요했기 때문에 내린 선택이었다.

스포티지를 타고 상담을 하러 가면 아무래도 실무자로서 약간 무시당할 때가 많았는데, 그랜저를 타고 가면 그래도 대표로서 어느 정도 대접을 받을 수 있었기에 차량 변경은 필요하다고 생각했다.

3년간 잘 이용했던 스포티지는 아버지께 드리고 나니 새로운 차 그랜저가 내게 왔다. 물론 첫 번째 차 스포티지를 받았을 때의 감동만큼은 아니었지만, 그랜저 키를 받아들고 오는 순간 뿌듯함은 가득했다. 작은 규모지만 비로소 한 회사의 대표로서 성공의 발판을 마련한 것 같은 느낌도 들었다. 그때가 2007년 10월의 이야기다.

차량을 업그레이드하고 더 쉽게 일을 수주할 수 있게 되었다

그전까지는 대표로서 소극적인 모습이 많았다면, 이제 좀 더 적극적인 회사의 대표로서 자신을 이미지 트레이닝하고 모든 미팅에서 최선을 다했다.

다행히도 회사는 점점 자리를 잡아갔다.

맨땅에 헤딩하고 달려온 몇 년간의 시간이 머릿속에 흘러갔다.

그 사이 직원은 15명으로 불어났고, 사무실과 공장 그리고 시공 직원들까지 식구가 많아졌다. 책임져야 할 가족이 늘어난 것이다.

회사의 규모가 커감에 따라 자체 제작 공장도 마련했다. 가산동에서 멀지 않은 광명시 외곽에 창고를 구하여 공장으로 사용하면서, 공장 운영을 위하여 부도가 난 다른 간판 공장의 대표를 공장장으로 영입했다. 외주 업체가 비용도 많이 들고 속도가 느렸는데, 영입한 공장장은 내가 원하는 간판을 다른 어느 곳보다 빠르고 정확하게 만들어주었다.

15년 전이라 나도 젊었고 직원들도 젊었다. 성실한 자세로 일하다 보니 거래하는 고객사들도 늘어나고, 인천공항 등에서도 일이 들어오기 시작했다. 또 아웃도어 의류 브랜드 '네파(NEPA)'의 전국 지점을 맡아서 간판 작업 등을 진행하다 보니 야간 작업도 많았고 밤늦게까지 일하는 날이 이어졌다. 나야 대표로서 고생이야 당연했지만, 당시 직원들의 고생과 고충은 말도 못 했다. 당시 등산 및 캠핑 붐이 일어나 아웃도어 열풍이 전국에 불어닥쳤을 때라 우후죽순으로 아웃도어 브랜드들이 생기고 있었고, 서로 마케팅에 열을 올리다 보니 전국으로 매장 수를 확대하는 브랜드가 많았다.

그 브랜드 중에도 메인이라 할 수 있는 회사와 일을 진행했으니 바쁘다 못해 정신이 나갈 정도였다. 게다가 그 아웃도어 브랜드는 주간은 물론 야간 및 주말도 없이 시공을 요구했고 날이 갈수록 매우 급한 형태로 일을 진행해야 할 경우가 많아졌다.

당연히 우리 직원들만으로 일을 감당하기는 이미 어려웠고, 전국의 옥외광고협회의 도움을 받아 일을 진행했다. 수도권을 벗어난 전국 현장은 디자인과 물건을 우리가 만들어 화물차로 보내고, 시공은 전국 각지의 옥외광고업 회원사가 진행을 해줬다. 이 경험으로 인하여 전국 단위의 일을 처리는 하는 능력이 생겼다.

그전까지는 해보지 않았던 전국 단위의 일이었기에 힘들기도 했지만, 나름의 노하우도 생겼고 더 큰 일이 들어와도 할 수 있는 자신감이 생겼다. 밀려드는 업무량에 직원들을 더 많이 뽑게 되었고 회사는 점점 커졌다.
그런데 한 가지 문제가 생겼다.
직원들이 갑자기 많아지다 보니 그 인건비를 감당하기 위해, 돈도 안 되는 작은 일거리들도 닥치는 대로 받아왔다. 매출이 떨어지면 인건비가 감당이 안 되기 때문이었다.

전국 단위의 큰일은 당연히 신경을 바짝 쓰게 되는 것은 맞지만, 작은 일 또한 처리해야 했다. 작은 일이나 큰일이나 신경 쓰기는 매한가지다. 작은 일도 하자가 생기면 A/S를 가야 했고, 그만큼 처리해야 할 일이 많았다.
사실 작은 일은 안 해야 하는데, 작다고 무시한다는 얘기가 듣기 싫어서 그냥 받아왔다. 큰일에 바쁘다 보니 작은 일은 신경을 덜 쓸 수밖에 없었고 결과는 좋지 않았다. 고객들의 불만, 직원들의 불만들이 귀에 들려왔다.

경영학에서 얘기하는 선택과 집중.
사업에서도 그대로 들어맞는 이야기이다.

돈이 되는 일에 집중하고, 그렇지 않은 것은 정중하게 거절하는 게 맞다. 머릿속으로는 알면서도 지금도 잘 지켜지지 않는 것을 보면 참 쉽지 않은 일이다. 참 아이러니다.

회사는 정신없이 돌아갔기 때문에 돈은 벌었지만, 힘들어했던 직원들이 많았다. 좀 더 잘 챙겨주고, 좀 더 보살펴 줘야 했는데 나도 정신이 없던 터라 그러지 못했기에, 그때 회사를 그만둔 직원들에게 미안한 마음과 고마움이 교차한다. 자기 일처럼 최선을 다했던 인재들이었다.

그래도 퇴사한 몇 명은 자기 사업체를 꾸려 지금도 잘살고 있으니 정말 다행이라 생각한다. 이때를 계기로 간판회사의 대표로서 선택과 집중에 대한 고민을 깊이 있게 하는 계기가 되었으며, 사업을 하는 내내 중요한 숙제로 생각하고 살고 있다.

큰일은 큰일대로 중요하다.
작은 일은 버려야 할 일과 취해야 할 일을 잘 구분하는 것이 중요하다.
모든 일을 받아오면 회사는 마비된다.
그걸 구분하는 혜안이 필요하다.

경영자로서 끊임없는 시험대가 이런 선택의 순간에 있다.
대표의 역할을 잘할 때 비로소 회사는 잘 돌아가는 것이다.
선택과 집중의 중요함은 아무리 강조해도 지나치지 않다.

33

작은 일도 소중하게 다루고 있는가?

큰일이 중요하다고 얘기했지만 작은 일도 소중하게 생각해야 한다.

그러나 그걸 해내기에 어려운 환경이면 애초에 거절해야 한다.

사람 사이의 부탁도 그렇다.

작은 부탁이라도 들어줄 수 있을 때와 없을 때를 구분해야 한다.

어려울 때는 정중하게 거절을 하고, 들어 주기로 마음을 먹었으면 최선을 다해야 한다.

큰일은 자연스레 신경을 쓸 수밖에 없다.

그렇지만 작은 일은 일부러 신경을 써야만 한다.

두 개는 다른 문제이기 때문이다.

작은 일도 소중히 여겨야 하지만, 지키기 어려울 때는 확실히 거절하는 게 낫다.

살면서 잘 지켜야 하는 법칙이지만 실천하기 쉽지 않다.

항상 염두에 두어야 한다.

작은 일이지만 정성을 다했을 때 좋은 결과로 이어진 에피소드를 소개한다. 몇 년 전 이런 일이 있었다. 사무실 근처 작은 모습 작은 보습학원 간판 문의가 들어왔다. 골목길이 아주 좁은 동네였는데, 간판 디자인과 내부와 외부 사인을 의뢰한 것이다.

사실 외관도 작고 오래된 건물이었기에 잘 만든다고 해도 좋은 얘기가 나올 것 같지는 않았는데, 어쨌든 작은 학원이었지만 정성껏 응대하고 디자인도 최대한 신경을 써 드리고 시공까지 말끔하게 잘 진행했다.

그 일은 학원에서 의뢰한 것이 아니라 그 학원의 인테리어를 담당하는 회사의 소개 건이었는데, 나중에 알고 보니 그 인테리어 회사 대표의 부인이 운영하는 학원이었다

결국, 작은 일에도 정성을 다하는 모습을 고객께서 맘에 들어 하셨다.

그렇게 그 일은 잘 마무리가 되었다. 돈은 안 되었지만, 고객이 만족하였으니 그걸로 된 것이다. 그리고 몇 년이 흐른 뒤 내게 모르는 전화 한 통이 걸려왔는데, 호텔 간판 리모델링 공사가 진행 중이니 한 번 현장으로 와 달라는 것이었다. 용인 기흥의 현장까지 갔더니 인테리어 현장 소

장께서 자기가 누군지 알겠냐고 물었다.

나는 모르겠다고 대답했고 그때 예전 학원 일에 대해 얘기를 하셨다. 그때 학원 원장의 남편이자 당시 인테리어 회사 대표였는데, 몇 년 전 진행했던 학원 간판 진행을 정성껏 해준 것이 기억에 남아 다시 연락했다고 했다.

고마운 일이었다. 수년이 지났는데 다시 연락해준 것만 해도 고마웠다. 결국, 그분이 연결해줘서 건축주와 계약을 하고 간판을 멋지게 완료할 수 있었다. 작은 일 하나로 연결된 인연이 수천만 원짜리 계약으로 이어진 것이다. 그 호텔 일을 잘 마무리하고, 내가 만든 간판 덕분에 호텔이 성황리에 영업이 잘된다는 얘기를 들으니 덩달아 기분이 좋았다. 소개에 대한 보답을 실력으로 보여주었다고 생각했다.

그로부터 일 년쯤 지났을 때 그분께서 또 연락을 주셨다. 개인 인테리어 사업을 그만두고 큰 회사의 인테리어 팀에서 일한다고 했다. 그렇게해서 또 새로운 일이 연결되게 되었는데, 그 회사는 지금 연 매출 1천억 원을 일으키는 국내의 대표 한식 프랜차이즈 업체 '강강술래'였다.

이 프랜차이즈는 지금도 최고의 인기를 누리는 한식 레스트랑이다.

기존의 프랜차이즈 지점이 꽤 많고 할 일도 상당히 많은 곳이었는데, 그곳에 나를 소개해 준 것이다. 그 후 지금까지도 그 회사와 수년간 간판 관련 일을 함께하고 있다

소개받은 용인의 호텔 간판을 잘 마무리함

매달 고정적으로 수천만 원의 매출을 일으켜 주고 있는 곳이다
작은 일 하나의 정성을 다한 결과는 정말 컸다.
지금도 그분과는 잘 지내고 있으며 항상 감사한 마음 가득하다.

작은 일 하나에도 정성을 쏟아라
지금은 작지만, 그 결과는 엄청날 수 있다.

34

아내 없이 혼자 사업을
꾸려나가게 되며 느낀 것

2008년 초, 둘째로 딸아이가 태어난 뒤로는 아내가 일을 그만두었다.

언제나 옆에서 조언을 아끼지 않았던 그녀였다. 내가 실수하거나 놓치는 부분도 잘 잡아서 얘기를 해줬었기에 아내의 빈자리는 컸다.

첫째인 아들은 부모님께 맡겨 가면서 간신히 일을 함께했지만, 둘째인 딸이 나오면서 더는 함께 일을 하는 것이 어려워졌다. 게다가 둘째는 첫째와 달리 모유 수유를 하는 바람에 더더욱 꼼짝할 수 없었다.

아이를 키워본 사람들은 알겠지만, 처음 몇 년간은 정말 힘들다. 밤에 잠을 안 자는 것은 물론이거니와, 평소에도 시도 때도 없이 울어대기 때문에 도통 아무것도 할 수가 없다. 그렇게 힘든 일임에도 첫째를 잘 돌봐주신 부모님께 감사한 마음뿐이다.

둘째를 위해 아내가 집에서 나오지 못했기 때문에 그때부터는 혼자 일 처리를 해야만 했다. 아내는 사업 시작 때부터 옆에서 항상 꼼꼼하게 일을 해주던 사업의 동반자이자 조언자였다. 그런 아내가 둘째의 출산 이후 육아에 매진하면서 나는 진짜 홀로서기를 해야 했다.

그나마 다행이었던 것은 처제가 회사에 남아 살림을 도와줬다. 아무래도 가족이다 보니 자금적인 부분을 맡길 수 있었다. 처제는 실제로 일도 참 잘했고, 누구보다 믿을 수 있는 든든한 지원군이기도 했다. 나는 외부일을 책임졌고, 아내의 부재로 빈자리가 느껴졌던 내부 일은 처제가 도와줬다.

모르는 게 많았기 때문에 닥치는 대로 배워야 했다.
성공하려면 그런 시간을 견뎌야 했다.
남들과는 다른 경쟁력을 가지려고 노력했다.

나는 남들과 무엇이 다를까 고민했다.
디자이너 출신으로 섬세한 감각을 가진 것이었고, 타고난 부드러운 성격으로 고객들과 소통을 잘하는 것이었다. 내가 가지고 있는 강점을 극대화하고, 약점은 최대한 드러내지 않도록 노력하는 것. 그 공식을 가지고 싶었다.

회사 규모는 크지 않았지만 정말 많은 일이 들어왔다.

닥치는 대로 일을 했고, 잘 모르는 것도 배워서 진행했다.

잘 몰라도 할 수 있다고 얘기했고, 어려워도 해보겠다고 했다.

그렇게 진행하다 보면 알게 되는 것이다.

노하우는 그렇게 생기는 법이다.

처음부터 다 아는 사람이 세상에 어디 있겠는가?

회사는 빠르게 성장해 나갔고, 안정적인 매출을 일으켰다.

작은 사업체를 운영하는 사람은 다 알 것이다.

매달 급여를 주기 위해서 얼마나 고민을 하고, 그 시간이 또 얼마나 빨리 돌아오는지를….

그러나 아내가 없는 빈자리는 생각보다 훨씬 컸다. 무척 바쁘게 움직이며 다녔고, 그 빈자리를 채우려고 두 배 더 열심히 뛰었다. 사장이 밤낮없이 열심히 뛰다 보니, 직원들도 요령 피우지 않고 열심히 일했다. 내가 직장생활 할 때 요령을 많이 피워봤기 때문에 딱 보면 알았다. 누가 일을 하는지 누가 안 하는지를….

우리 직원들은 일 참 잘하는 사람들이었다.

나는 인복이 참 많았다.

있을 때 잘해야 한다.

지나고 나서 후회해봐야 소용이 없다.

내가 힘들다 보니, 최선을 다했던 직원들에게 잘 대해주지 못했다.
부족함이 가득한 사장이었다.

그걸 지금 와서 돌이켜보니 알 수 있었다.
옆에 있을 때는 소중함을 잘 알지 못한다.
지나고 나서 후회하는 게 사람의 속성이다.
한 번만 더 생각하고, 옆에 있는 사람의 소중함을 알아야 한다.
있을 때 잘해야 한다.

35

파격적인 2주간의 휴가,
득일까 실일까?

2009년 여름휴가는 좀 특별했다. 좋은 회사를 만들어보고 싶었다.

고민 끝에 직원들에게 뭘 해줄까 고민하다가 생각한 것.

파격적인 휴가를 한 번 시행해보고자 했다.

당시엔 내가 생각해도 파격적인 휴가 발표였다.

사업을 시작한 지 5년째였지만 제대로 여름 휴가 한번 가본 적이 없었다. 복지라고 할 게 별로 없었던 작은 회사였기 때문에 여름휴가를 특별하게 만들어보고 싶었다. 제조업 특성상 모든 공장들과 외주 업체가 7월

말에서 8월 초에 한꺼번에 휴가를 간다. 우리 회사도 그 기간에 맞춰 휴가를 갈 수밖에 없었는데, 보통 주어지는 휴가 기간은 3박 4일이었다. 그런데 내가 직원들에게 제시한 2009년 휴가는 나에게는 모험이자 새로운 시도였다.

그것은 바로 2주간의 전 직원 동시 휴가였다. 회사 문을 닫고 2주간 전 직원이 쉰다는 것은 작은 회사에서 시도하기엔 쉬운 일이 아니지만, 회사가 더 커지면 그것도 불가능할 것 같았다. 회사 홈페이지에 휴가 공지를 하고 나는 직원들에게 2주간의 휴가를 선포했다.

작은 회사에서 2주 동안의 휴가는 큰 모험이었다. 말이 쉬워서 2주간이지 한 달의 절반 기간 회사 문을 닫는다는 것은 그야말로 지금 생각해도 파격적인 결정이었다.

파격적인 휴가를 선포한 것까지는 좋았는데, 문제는 그 후에 발생했다. 휴가 전과 후는 전쟁이었다. 휴가 전에 모든 일을 끝내야 했기 때문에, 안 그래도 일이 많았는데, 전 직원이 매일 야근과 잡무에 시달렸다. 직원 누구라고 말할 것 없이 여기저기 불만이 쏟아져 나왔다. 휴가 2주 가려고 사람 잡는다고 의견이 팽배했다.

그리고 말의 앞뒤 관계가 중요함을 그때 깨달았다.

1. 이번엔 모두 휴가 2주를 주겠다. 그렇지만 휴가비는 없다.
2. 아쉽게도 휴가비는 없지만, 이번엔 2주의 휴가를 줄게.

같은 내용이지만 2번 내용이 좀 더 낮게 느껴지지 않는가? 말 한마디에 천 냥 빚을 갚는다는 말이 나온 것은 괜한 얘기가 아니다. 우리가 하는 말의 순서만 바꿔도 충분히 나은 결과를 가져올 수 있다.

김현상
2009년쯤 박순백 박사님이 찍어주신 사진 우연히 발견.
이땐 너무 바빠서 블루투스 이어폰을 귀에 꼽고 다님.
전직원 2주간의 휴가계획을 설명하며 신나했던...

2주간의 휴가는 당연히 급여를 받으며 쉬는 유급휴가였지만, 휴가비까지 챙겨주기에는 역부족이었다. 내 나름대로는 급여까지 주면서 선심을 쓴 것인데 받아들이는 처지는 그게 아니었던 모양이다.

사실 직원들로서는 휴가 전과 후의 야근 때문에 2주간의 휴가가 달갑지 않았고, 고생만 더 했다고 생각했다. 그 정도 고생했으면 2주간의 휴가는 당연하다 받아들였기 때문에 내가 기대했던 감동 따위는 없었던 것 같다.

대표로서는 이렇다. 월급을 주고 며칠 안 되어 2주 휴가 다녀오면, 며칠 후 다시 월급을 줘야 했다. 한 달이란 시간의 절반이 휴가이니 당연한 결과였다.

　무리한 선택을 한 것이다. 휴가를 다녀온 뒤에도 엄청나게 많은 일이 쌓여 있었다. 야심 찬 휴가 시도는 좋았지만, 제대로 된 계획 없이 선포한 휴가는 실패였다. 일은 일대로 못 하고, 욕은 욕대로 먹고, 금전적인 손해도 적지 않았다. 그 이후 이런 파격적인 휴가를 간 적은 없었으나 얻은 것도 있다.

　사업 시작 후 처음으로 달콤한 휴가를 가족들과 보낼 수 있었다.
　한 번도 가져본 적 없는 여유로운 시간이었다.
　2주간 싱가포르 여행과 말레이시아 빈탄 휴양지에서 가족들과 꿈같은 휴양을 즐겼다.
　매일 전화에 시달리던 나에게는 그야말로 힐링의 시간이었다.
　그것만으로도 충분히 나는 보상받은 기분이었다.
　작은 회사여서 시도할 수 있었던 에피소드였다.
　그 일로 인하여 나는 또 한 단계 성장할 수 있었다.

　말 한마디가 중요하다.
　말의 앞뒤 순서에 따라 받아들이는 바가 다를 수 있다.
　말 한마디를 하더라도 생각하고 말하는 습관을 들여야 한다는 것.
　내가 예전에 회사를 다니며 경험했던 것이 있다.
　너무 좋은 복지는 독이 될 수도 있다.

그러나 준비되지 않은 복지는 안 하는 것만 못하다.

뭔가 실행하고자 한다면 잘 준비해서 하는 것이 맞다.
준비되지 않는 행동은 생각지 못한 결과를 초래할 수 있다.
모든 말과 행동은 섣부른 판단으로 해서는 안 된다.
난 지금도 그 교훈을 마음에 새기고 살고 있다.

36

SNS도 잘하면 돈 벌 수 있나요?

• SNS : Social Network Service—소셜 네트워크 서비스 : 사회 관계망 서비스

2009년에 처음으로 애플의 아이폰 3Gs가 출시되면서 전 세계 스마트폰 시장이 열리게 되었다. IT에 관심이 많았던 나는 바로 아이폰을 구입했고 그 신기한 기능들에 매료되었다. 전화기에서 인터넷이 된다는 것도 신기했고, 다양한 애플리케이션 프로그램의 세계는 그야말로 신세계였다.

스마트폰이 많이 보급되지 않았을 무렵, 과거에 사용하던 일단 피처폰 형태의 전화기 시장에 집중하던 삼성도 스마트폰 시장에 뛰어들었다. 삼

성이 옴니아라는 첫 스마트폰을 거쳐 갤럭시 스마트폰 시리즈를 출시함으로써 아이폰의 독주 시장에 도전장을 내밀던 시기였다. 세상의 변화는 스마트폰으로 인하여 급물살을 더해 갔다.

트위터 행사에 현수막 등을 협찬하면서 이름을 알림

스마트폰의 등장과 더불어 인기를 끌었던 SNS 도구로는 트위터가 있었다. 2007년부터 나는 인터넷 블로그에 글을 쓰고 여행기를 올려 왔지만, 그것은 어쩌면 사진과 함께 간단한 글을 주로 쓰는 형태였다. 국내 대표 IT 기업 한글과컴퓨터 부사장을 역임하시고 IT 전문가 중 한 분이셨던 박순백 박사님을 통해 처음으로 트위터라는 것을 알게 되었는데, 트위터는 140글자 이내의 짧은 문장으로 소통을 하는 새로운 SNS 도구였다.

보통 블로그나 카페 등은 제목과 함께 내용을 정리하는 형태로 지정된 플랫폼이었다면, 트위터는 짧은 글로 소통하기 때문에 글의 전파 속도

나 파급 효과가 다른 플랫폼에 비해 매우 빨랐다. 오히려 뉴스보다 빠를 때가 훨씬 많았고 세상의 중요 이슈들이 트위터에 바로 올라오기 때문에 뉴스를 안 봐도 될 정도였다.

당시에 트위터를 사용하는 사람들은 IT 분야에 몸담고 있었던 분들이거나, 얼리어답터 같은 분들이 많았다. 트위터는 그 어떤 것보다 빠른 소통의 수단이었고, 정치인들이나 유명인들도 꽤 많이 사용했던 SNS 도구였다.

그렇게 트위터 모임을 통해 알게 된 분들과 지금도 소통하고 있고, 그 오프라인 모임에 내가 현수막과 배너 등을 기부하면서 얼굴을 알리기도 했다. 당시 여성 최고의 앵커였던 분과 사진을 찍고 기뻐했던 걸 보면 나름대로 기억에 남는 활동이 많았다. 그 트위터 사용자들이 다시 2010년에 페이스북으로 많이 옮겨왔으니 트위터는 SNS의 물꼬를 튼 마중물 같은 것이었다.

SNS는 순기능과 역기능이 있다고 볼 수 있지만, 내게는 대체로 순기능으로 작용한 측면이 많았다. 혹자들은 이런 거 왜 하느냐 반문하는 사람들이 많았다. 그러나 내가 SNS를 시작한 이유는 따로 있었다.

나는 사업을 인터넷 홍보로 시작한 것이나 마찬가지다.
업계에서 거의 처음으로 홈페이지로 간판 홍보를 했었고, 옥션과 G마켓 등 오픈마켓을 활용하여 간판 사업을 했던 몇 안 되던 회사였다. 우리를 따라 하는 회사들이 그 후로 많이 늘어갔고, 출혈 경쟁이 심해지면서 검색창에 상위 노출을 하기 위하여 온라인 광고에도 차츰 큰 비용이 들기 시작했다.

매달 지출되는 광고 비용이 증가할 무렵, 매달 지출되는 비용이 계속 늘어가는 데 대한 대책을 세워야 했는데, 그에 대한 새로운 대안이 SNS가 될 수도 있다고 생각했다. 물론 뭘 알고 시작한 것은 아니었지만 SNS를 사용하면서 알게 된 것이 많다.

일례로 의도치 않게 일로 연결된 경우도 있다.

나는 맛집을 알게 되면 블로그에 후기를 올리는 편인데, 가족과 함께 김포에 있던 정말 맛있는 고깃집을 방문한 후 후기를 정성껏 작성했다. 대가를 바라거나 무엇을 기대한 것은 아니었다. 행복한 가족의 모습, 딸이 맛있게 먹는 모습 등을 잘 찍은 사진과 함께 포스팅했다.

며칠 뒤 그 식당 대표가 어렵게 우리 회사를 검색하여 전화를 걸어왔다. 내 블로그에 전화번호는 당연히 없었고, 내가 간판회사를 운영하는 사람이라는 블로그 프로필에 간략한 소개만 있었는데 나와 꼭 통화를 원한다고 전화번호를 남겼다는 것이었다. 외근 후 직원들에게 내용을 전달받은 나는 잠시 생각했다.

'내가 무슨 잘못을 했을까? 무슨 실수라도 한 건 아닐까?'

걱정과 궁금함을 가지고 전화를 했다. 그 대표님은 내 블로그의 진실한 후기가 너무 감격스러워 전화했다는 것이다. 본인이 운영하는 식당이 몇 개 있는데, 내가 간판업을 한다니 만나서 미팅을 하고 싶다고 했다. 사실 내 블로그에는 간판 관련 포스팅이 없었는데도 내 글을 보고 신뢰를 하신 것이다.

며칠 후 그분을 만나게 되었고, 현장 미팅 후 나는 기존 간판을 그대로 써도 좋다는 의견을 드렸다. 왜냐하면, 처음 제작 시에 돈이 많이 들어간 간판이었고, 시인성이 좋았으며, 주택가다 보니 멀리서 보이는 간판이 아니기에 굳이 바꾸지 않아도 된다고 조언했다. 몇 년 정도 더 사용한 후에 생각해보자고 했다.

내가 바꾸자고 제안했다면 그 대표님은 간판을 바꿀 의사가 있었으나, 내가 욕심을 버리고 정확한 진단을 내려준 것에 더욱 나를 신뢰하게 되었고, 그분이 훗날 프랜차이즈 사업을 계속 확장하며 생기는 매장들의 수억 원 상당의 간판을 모두 내게 맡겨왔다.

최근까지도 9라파 컴퍼니 대표로서 열정적으로 사업을 하는 박진일 대표와는 지금도 잘 지내고 있으며 든든한 파트너가 되었다.
SNS 글 하나가 불러온 엄청난 효과였다. 진실되게 사용한다면 SNS만한 홍보 수단도 없다는 확신을 하게 되었다.

내가 오랜 시간 사용하면서 느낀 SNS의 장단점은 다음과 같다.

장점

1. 올라오는 게시물을 통해 지인들의 근황을 알 수 있다.

2. 근황을 알 수 있으니 심리적 거리감이 줄어든다.

3. 지인의 친구들을 직간접적으로 알게 된다.

4. 그것을 통해 새로운 인간관계를 얻을 수 있다.

5. 내 생각을 알릴 수 있는 좋은 채널이 된다.

6. 내가 하는 일을 소개함으로써 고객을 확보할 수도 있다.

7. 다양한 사람들의 다양한 생각들을 읽을 수 있다.

8. 뉴스를 보지 않아도 중요한 소식은 거의 알 수 있다.

9. 내 글에 사람들의 반응을 보는 재미도 있다.

10. 좋은 내용이나 교훈들을 읽으며 마음을 다잡기도 한다.

11. 진실된 글은 때로 큰 고객이나 친구를 만들어주기도 한다.

단점

1. 잘못하면 중독에 빠질 수 있으니 유의한다.

2. 타인들의 자랑거리에 자격지심이나 질투심이 생길 수도 있다.

3. 자기도 모르게 소중한 시간을 예상외로 낭비하게 된다.

4. 사생활 노출이 많아질 수 있으니 주의한다.

5. 개인의 강한 성향을 너무 드러내면 거부감이 들 수 있다.

6. 잘못된 정보에 휘둘리게 되면 금전적 손실을 입을 수도 있다.

그 외 다양한 의견이 있겠지만, 나는 단점보다는 장점이 많다고 생각

한다. 지금까지 SNS를 통해 좋은 분들을 많이 만나게 되었으며, 꽤 많은
고객들도 이곳을 통해 만났다.

　세상은 사람들과 함께 관계하며 살아가는 곳이다. 적절한 SNS 활
동을 통하여, 자신을 알리고 타인과 잘 교류한다면 삶의 활력이 되
고, 일에 도움이 될 수도 있다.
　너무 중독되거나 공격적인 성향에 빠지지 않도록 하자.
　블로그 15년, 페이스북 12년 차의 당부이다.

37

서울시 좋은 간판 업소에 선정되다니

매일마다 최선을 다해 일하던 어느 날 강남구청에서 연락이 왔다.

우리가 설치한 간판이 작지만 아름답고, 내용 전달을 충분히 할 수 있는 좋은 간판이라는 것이다. 그래서 강남구에서 시민이 뽑은 아름다운 간판 금상에 당선되었다는 소식이었다.

게다가 이 간판이 서울시까지 올라가서 서울시 좋은 간판 업소 수상까지 하게 되었다.

서울시와 강남구에서 좋은 간판 업소로 선정이 되었다

　과거에 간판하면 건물을 지배하는 크고 위협적인 간판이 대부분이었다. 무조건 글씨가 크고 색깔이 자극적이어야만 눈에 띄고 잘 보인다고 생각해서다. 모두가 저마다 크고 자극적인 글씨를 쓰면 어떻게 되겠는가? 결국, 그 어느 것도 잘 보이지 않고 건물은 엉망이 되어 버린다.

　한국의 모든 상가들이 간판에 점령당해 있었다. 유럽 등 선진국을 다녀보면 예쁘고 아름다운 간판이 거리에 가득하다. 그렇지만 우리나라는 어딜 가도 복잡하고 지저분하다.

무엇이 문제일까?
우리는 왜 외국처럼 아름다운 간판을 할 수 없을까?

이유는 분명히 존재한다. 외국과 우리나라의 자영업자의 수가 다르기 때문이다. 한국은 자영업자의 숫자가 너무 많고 상가건물에 입주한 수많은 업체가 저마다 간판을 알리다 보면 당연히 공간의 부족을 겪을 수밖에 없다. 게다가 많은 공간을 사용하는 업체와, 작은 공간을 사용하는 업체와의 형평성은 있어야 하지만 과거 한국의 현실은 먼저 설치하는 사람이 임자였다. 무조건 크고 화려하게 설치하고 보는 것이다. 그래서 생겨난 것이 옥외광고물 관리법이다.

2009년 여름 이후 생겨난 가장 강력한 법은 1업소 1간판 제도이다. 2층 이상에 설치되는 간판은 글씨 크기도 45cm 이내로 제작해야 하고 길이도 10m 이내로 만들어야 했기 때문에 애초에 크고 화려하게 만드는 것은 불가능했다.

그리고 가로정비법을 통하여 건물의 간판들을 개선하는 사업을 지자체 차원에서 진행하기 시작한 것이다. 꾸준히 그 사업을 진행한 결과 현재는 전국 도시의 미관이 많이 깔끔해졌다. 하루아침에 달라지지는 않았지만, 과거와 비교하면 참 많이 바뀐 것이 사실이다.

이런 이유로 깔끔한 간판을 설치한 업체를 알리고 독려하기 위한 제도로 좋은 간판 업소 등을 선정하고 시상을 하게 된 것이다. 그 기류를 타고 우리 회사가 선정된 것이고 그것은 뜻밖의 일이었다. 선정되었다고 일부 상금도 받았다. 정말 생각지도 않은 일이었는데 너무나 기뻤다. 한 분야에서 한 눈 한 번 팔지 않고 쉬지 않고 달려온 결과였다.

열심히 묵묵히 내 갈 길을 가고 있으면 남들도 알아봐 준다.
지금 당장 남들이 몰라준다고 속상해하지 않아도 된다.
내가 노력한 만큼 그 결과는 반드시 돌아올 것이다.

이 일을 계기로 나는 좀 더 자신감을 얻게 되었고, 회사 역시 남들에게도 인정받는 회사가 되어갔다. 무척이나 뿌듯했고, 이제 정말 자리를 잡아가는 것 같았다.

그렇지만 자만하기엔 아직 이르다. 자만하는 순간 추락한다는 사실을 알고 있기에 항상 겸손해야 했다. 매달 급여를 고민해야 했고, 매달 자재비 등을 고민하는 소기업 사장에 불과했다.

그렇지만 막막했던 사업 초창기와는 달리 이제는 제법 자신감이 붙었다. 더 많은 일이 들어오게 되었고, 소개를 통해서도 많은 일이 들어왔다. 누가 봐도 안정적으로 일을 잘하는 회사가 되어갔다.

38

간판 사업으로
결국 꿈꾸었던 벤츠를 타다

BRANDING

2010년 어느 날 가족 모임이 있어서 모임 장소에 도착했는데, 막냇동
생이 벤츠를 타고 나타났다. 가족들 모두 생각지도 못했던 상황에 모두
깜짝 놀랐다.

당시 동생은 대기업을 다니다가 그만두고 몇몇 동료들과 창업을 했었
다. 직장인이나 학생들이 영어도 배우면서 외국인과 소통할 수 있는 인
터넷 카페를 만들었는데, 독창적인 플랫폼 사업인 데다가 뛰어난 아이디
어로 잘 나가고 있던 시기였다. 사업을 잘하고 있는지는 알았지만 그래
도 벤츠를 타고 나타날지 몰랐다.

지금은 참 많은 분들이 수입차를 타지만, 십수 년 전에는 그리 흔한 일이 아니었기 때문에 벤츠를 탄다는 것은 성공의 상징과 마찬가지였다. 막냇동생에게 부러움과 칭찬을 건넨 뒤 집에 왔는데, 오래전 꿈꾸었던 옛 생각이 떠올랐다.

1999년 암웨이 네트워크 마케팅을 열심히 하던 시절.
지갑에 꼬깃꼬깃 꿈 리스트에 적어둔 항목 중 하나가 생각났다.
그것은 바로 "성공해서 벤츠 타기"였다.
꿈을 적어 매일 들여다보았으니 잊었을 리 없었다.

2007년부터 잘 타고 있던 그랜저TG의 3년 리스 기간이 끝나갈 무렵이었다. 고객들이 많이 늘어나고, 영업 활동 범위가 넓어지다 보니 가솔린 차량이던 그랜저의 한 달 유류비가 부담스러웠던 시기였다. 일하고 다니기에 적당히 고급스럽고 조용하기도 하고 승차감도 좋고 많은 점이 좋았지만, 그랜저의 단점은 연비가 좋지 않은 것이었다. 한 달 리스비와 유류비로 약 160만 원 정도가 지출되었기에 만약 연비가 좋은 차로 유류비를 줄일 수 있다면 더 좋은 차로 갈아탈 수도 있겠다는 생각이 들었다.

혹시나 하는 마음에 적당한 차량이 있는지 검색에 들어갔다. 고민하던 중 두 가지 차량이 눈에 들어왔다. BMW 5 시리즈와 벤츠 E클래스 디젤이었다. 둘 다 디젤이라 연비가 좋고 가성비가 좋은 차들이었다.
둘을 비교하니 BMW의 연비가 좀 더 좋고 가격이 저렴했지만, 동생이 벤츠를 타고 나타났으니 내 마음도 그쪽으로 끌렸다. 게다가 오랜 꿈이 었으니 망설일 게 없었다.

벤츠 E클래스 디젤 차량의 연비는 리터당 15.1km 정도였는데, 따져보니 한 달 유류비가 그랜저의 절반 수준 정도면 될 것 같았다. 엑셀로 표를 만들어서 현재 지출되는 비용과 미래에 나갈 비용을 간략하게 정리했더니 크게 무리하지 않고도 갈아타는 게 가능했기에, 마침내 아내에게 설명하고 차량 변경 허락을 얻었다. 그 기분은 말로 할 수 없을 만큼 들떴고 상상만 해도 좋은 일이었다.

내가 노력해서 번 돈으로 꿈에 그리던 차를 가질 수 있을 것 같았다. 전시장을 돌아다니며 차를 구경하던 그때의 설렘을 잊을 수 없다. 원하는 차량의 브로셔를 받아와서 보고 또 보았다.

하루 많은 시간을 운전하며 미팅을 하는 나에게, 차량은 사무실이자 가장 많은 시간을 보내는 공간이었다. 사치가 아닌 사업의 도구로서도 안전하고 편한 차량이 필요한 것은 사실이었다.

몇 개월간 고민 끝에 차량을 시승하고, 계약을 완료했다. 그리고 2주 만에 차를 인도받았다.

2010년 11월 꿈에 그리던 차 벤츠가 내게로 왔다.

차량 키를 인도받고 집으로 돌아오는 길은 세상을 다 가진 것 같았다. 숨 가쁘게 달려왔던 몇 년 동안의 일들이 머리에 스치며 '나는 성공했다'

라는 자신감을 장착하는 계기가 되었다.

꿈을 꾸고 그리면 결국 이루게 되는 것이다.

세상의 모든 에너지가 그걸 이룰 수 있도록 도와준다.

꿈꾸는 걸 조심하라.

작은 꿈이든 큰 꿈이든 그대로 될 테니까!

10년 넘게 동고동락했던 차량 – 꿈이었기에 나에게 더없이 값진 선물이었다

39

영향력의 법칙을 아는가?

차를 바꾸고 나서 먼저 한 일은 자동차 동호회 가입이었다. 수입차는 처음이었고, 모르는 게 많았기 때문이다. 어떤 사람들이 수입차를 타는지도 궁금했다.

차를 구매하고 얼마 되지 않았던 때, 함박눈이 펑펑 오던 날이었다. 일산에서 모임이 있다는 소식을 듣고 큰 눈을 뚫고 모임에 찾아갔다. 어렵게 도착한 그곳에서 다양한 직종에 근무하는 사람들을 만났는데, 대부분이 의사 등 전문직이거나 나처럼 사업하는 사람들이었다.

길지 않은 시간이었지만 몇 시간 얘기를 나눠보니 대부분 매너도 좋고 유쾌했으며 긍정적인 마인드를 가진 사람들이었다. 좋은 차를 탄다는 것은 그런 사람들을 만날 기회가 있다는 것을 의미하기도 했다.

그 뒤로도 나는 동호회 활동을 열심히 하고 모임도 자주 나가며 얼굴을 알렸고, 온라인 카페 상에도 글을 자주 올리며 나름대로 카페 내에서 유명해져 갔다. 동호회 활동 몇 해 전부터 블로그 활동을 하며 써두었던 맛집 후기나 여행기 등을 주로 올렸는데, 회원들이 내 글을 좋아했고, 팬들도 좀 늘어나고 있었다.

특히 내가 올리는 맛집 정보나 여행 정보는 동호회 회원들이 특히나 좋아했고, 꼼꼼하게 사진과 글을 정리해서 올렸기 때문에 내 정보를 기다리는 사람들이 많았다. 내 부지런함은 그곳 동호회에서도 나름의 빛을 냈다.

어떤 활동을 하더라도 제대로 해야 한다. 그렇지 않다면 시간 낭비일 뿐이다. 제대로 활동해서 사람들의 인정을 받게 되면 그것은 본인의 신뢰 자본이 된다. 그 신뢰 자본이 쌓이게 되면 그 뒤로는 내 얘기를 들어줄 사람들이 많아지게 된다. 이렇게 영향력이 생기게 되면 일이나 다른 활동에도 반드시 도움이 된다.

동호회 활동이든 조직 활동이든 그 안에서 눈에 띄어야 한다.
그래야만 본인의 목소리를 낼 수 있다.

그것이 내가 생각하는 영향력의 법칙이다.

동호회가 점점 커지다 보니 그 안에서 약간의 편 가르기가 발생하게 되었는데, 그것을 계기로 기존에 활동하던 동호회 운영진에 불만을 가진 사람들이 모여 기존 동호회를 탈퇴하게 되었다. 거기서 나온 사람들이 새로운 동호회를 결성하여 활동하다 보니, 몇 개월 후에 내가 그것을 맡아서 해야 할 사정이 생기게 되었다.

결국, 내가 새로운 동호회의 운영자가 되었는데 나를 좋아하는 분들이 함께 모이게 되어 수년 동안 그들과 끈끈한 관계를 유지할 수 있었다. 지금은 그 차량을 운행하지 않아서 더는 동호회 활동을 하지 않지만 내게는 좋은 경험으로 남아 있다.

그때의 인연으로 아직 몇 분과는 지금도 잘 지내고 있고 내게 소중한 인연이 된 것은 두말할 나위도 없다.

그분들이 지속해서 지금도 나와 연락을 하며, 내게 좋은 일거리를 계속 소개를 해주고 있는 것을 보면 확실히 모든 일은 사람에게서 나온다.

그 사람을 잃지 않기 위해서 노력해야 한다.

내 영향력은 내가 만드는 것이다.
어떤 활동을 하든지 눈에 띄게 하라.
그래야만 영향력이 생기는 것이다.

성격상 안 되는 사람도 있겠지만, 아무 존재감 없이 뒤에 물러나 있다면 시간만 낭비할 뿐이다. 사업이든, 회사 생활이든 그 안에서 최대한의 영향력을 발휘하라. 그렇게 한다면 사람들 모두가 나를 관심 있게 지켜볼 것이며, 그것이 반드시 성과로 연결될 것이다.

단 올바르게 행동해야 한다.

내 영향력을 키운다고 남들을 무시하면 안 된다.

배려하고 바른 행동을 한다면 누구나 나를 인정하고 따르게 될 것이다. 영향력이 있는 사람이 된다는 것은 그 행동에 대한 책임도 져야 한다는 것이다.

시간은 누구에게나 한정되어 있다.

어떤 활동을 하든지 열정을 다해 활동하면 그 영향력은 온전히 내게 돌아올 것이다.

40

역시 모든 일은 사람으로부터!
소개가 소개를 부른다

동호회에서 친하게 지내는 치과 원장으로부터 시흥시의 한 치과를 소개받게 되었다. 매출이 떨어져서 고민인 병원이었다. 현장에 가보니 과연 매출이 떨어질 수밖에 없는 상황에 직면해 있었다.

건물에 간판 여러 개가 있었지만, 어느 것 하나 제대로 두드러지지 못했다. 원장님께 기존 간판의 문제점을 파악하여 드리고 현실적으로 할 수 있는 제일 나은 방법을 디자인하여 제안해 드렸다. 특히 전면부 간판이 문제였다.

간판이 3개나 꽤 큰 크기로 있었는데, 양쪽은 전봇대로 가려 보이지도 않았고 그나마 잘 보이는 가운데 간판 또한 가독성이 심각하게 떨어지는 글씨로 디자인이 되어 있었다. 내가 제안한 방법은 단순 심플하게 바꾸는 것이었다. 3개였던 간판을 1개로 보이도록 깔끔하게 정리하고, 가운데 간판에만 잘 보이는 글씨를 배치하자고 했다. 그리고 간판의 소재도 금속, 유리, LED 등을 사용하여 그야말로 깔끔하게 바꾸자고 제안드렸다. 물론 비용은 꽤 비쌌다. 소재도 고급이라 비싼 이유도 있지만, 시공도 상당히 어려운 현장이었다. 우여곡절 끝에 결국, 간판은 천지개벽을 했다.

변경 후 시인성과 깔끔함을 확보한 간판

그 후 놀라운 일이 벌어졌다. 매출이 수직으로 상승하고, 환자들의 발길이 줄을 이었다. 원장께서 매우 만족해하셨고, 병원 경영은 정상화를 넘어 큰 성장을 하게 되었다. 이 일을 계기로 나는 또 다른 병원들을 순조롭게 소개받게 되었으며, 지금도 병원 간판 업계에서는 실력을 인정받는 회사가 되었음은 물론이다.

한 사람의 고객을 감동시키면, 그 뒤 소개는 저절로 나온다. 나를 대신해서 일할 영업사원이 생기는 것이다. 웅진그룹의 윤석금 회장도 과거 브리태니커 백과사전 영업 시절을 회상하며, 고객 한 분이 수십 명의 고객을 연결해주고 대신 영업해 준 일화는 유명하다.

결국, 모든 일은 사람에게서 나온다.

동호회에서 내가 했던 행동들이 소개에 영향을 끼친 것은 당연하다.

소개를 받았으면 그 소개에 대해 최대한 만족을 줄 수 있도록 최선을 다해 결과를 만들어야 한다. 그 결과가 가져올 파급 효과는 상상을 초월한다.

사업에서 가장 효과적인 마케팅을 고르라면 단연 소개를 통한 마케팅이 최고이다.

그 점을 반드시 기억하고 소개를 통한 일이 지속해서 나올 수 있는 시스템을 구축하는 것이 중요하다. 소개를 받은 일에 최선을 다하는 것은 기본이고, 다른 소개가 자연스럽게 나오도록 고객을 감동하게 하는 것은 본인의 역량이다.

시흥시의 치과 간판 일을 성공적으로 진행 후 많은 소개를 받은 뒤, 모든 일은 사람에게서 나온다는 철학을 더욱더 가슴에 새기게 되었다. 이 치과를 소개해 준 자동차 동호회 시절 알게 된 위시티 연세치과 화대원 원장과는 지금도 끈끈하게 잘 지내며, 이때 인연으로 시흥시 미소드림치과 김병인 원장과도 가끔 골프 라운드를 함께 즐기기도 하며 그때를 이야기한다. 지금도 회사 매출의 상당 비율이 병원 분야에서 나오고 있다.

　모두 원장님들의 적극적인 소개가 주를 이루고 있음을 부인할 수 없다.

　소개에 부응하기 위하여 지금도 최선을 다하고, 소개받은 분들의 만족을 위해 오늘도 고민한다.

　소개가 소개를 부르는 법이다.

　이것이 가장 비용이 적게 들지만, 가장 강력한 마케팅인 것이다.

　모든 일은 사람에게서 나온다.

41

수천만 원 사기를 당하고 나서
깨달은 것

　　동호회 활동을 하며 항상 좋은 일만 있는 것은 아니었다. 모임을 나가면서 친분을 쌓게 되면서 형, 동생 하며 친하게 지내던 사람들이었다. 어느 날 좋은 정보가 있다는 말이 동호회를 떠돌다가 결국 내 귓가에 들려왔다.

　　증권 회사에 다니던 한 K가 솔깃한 제안을 해왔다. K는 당시 잘 나가던 증권 회사에 다녔는데, 내가 동생처럼 대하며 친하게 지내던 사이였다.

그의 이야기는 이랬다. 불과 6개월간만 투자하면 무려 20%의 수익을 줄 수 있는 주식 상품이 있다는 것이었다. 단 본인이 속한 팀 차원에서 들어가는 것이라 개인이 투자하기는 어렵기에, 자기 팀 투자 포트폴리오에 몰래 넣어 준다고 했다.

그 제안을 했던 K는 지난 6개월 동안 나에게 참 많은 정성을 쏟았던 동생이었다. 매번 모임이 있을 때마다 집에 있는 아내와 아이들에게 주라며 고급 파이 선물 세트를 주는가 하면, 내가 좋아하는 것들을 미리 알고 가끔 선물해주기도 했다. 그리고 동호회에서 친했던 몇 명이 이미 투자를 결정했다며 함께 투자하기를 권유했다.

내가 원래 귀가 얇은 사람이다 보니 그 제안을 뿌리칠 이유가 없었다. 당시에 내가 가진 여유 자금은 약 3천만 원 정도였다. 그리고 다른 친구는 5천만 원, 마지막으로 조금만 테스트해 보겠다던 녀석은 1천만 원을 투자하기로 했다.

총 투자 금액 9천만 원.
거의 1억에 가까운 돈이 투자 자금으로 만들어졌다.

팀으로 투자되는 것이라 개인 이름으로 투자를 하기가 어렵다며, 본인의 개인 계좌에 입금하면 팀 포트폴리오에 넣어 준다고 했다. 그리고 계약서는 개인 이름으로 작성되었다. 혹시나 하는 마음에 공증도 받아 두었으니 크게 문제될 것이 없다고 생각했다. 개인 계좌에 입금하는 게 아무래도 좀 이상했지만 지난 수개월간의 행동을 보니 믿을 만했기에 큰 의심 없이 K의 개인 계좌에 입금하게 되었다.

입금 후에 곰곰이 생각해보니 느낌이 좋지 않았다. 의혹을 품고 몇 차례 투자의 안전성을 물었지만, 그는 떳떳하게 더 많은 돈을 투자하라고 권유했다. 더 투자할 돈도 없었거니와 하는 행동이 점점 미심쩍어지기 시작했다.

돈을 투자한 우리가 할 수 있는 것은 아무것도 없었다. 우선 약속한 기간인 6개월을 기다려 보기로 했다. 시간이 흘러 6개월이 지나고 원금과 약속한 수익금을 달라고 했지만, 그는 연락이 잘 되지 않고 차일피일 미루기만 했다.

모든 것이 사기였다는 것이 밝혀지는 데는 오랜 시간이 걸리지 않았다. 사기 당한 그 돈을 찾으려고 백방으로 노력했으나, 내가 보낸 돈은 다른 사람의 투자 이익금으로 빠져나갔거나, 이미 빼돌린 뒤였다. 이럴 때를 대비하여 공증까지 받아 두었지만 이미 투자금은 다른 곳으로 빼돌린 뒤라 K의 통장에 남아 있는 돈은 없었다. 결국, 공증이 있어도 돌려받을 재산이 없다면 종이 쪼가리에 불과했다.

소송을 진행했지만 내가 되찾아 올 수 있는 돈은 없었다. 법원까지 여러 번 다니며 그 돈을 찾으려고 노력했지만, 작정하고 사기를 친 사람의 돈은 찾기가 불가능했다. 이미 재산을 빼돌린 뒤라서 그의 이름으로 된 재산은 없었다. 사기의 규모도 엄청났다. 초범이라 보기에는 너무 많은 돈을 사기 친 것이다. 경찰서에서 밝혀진 피해자의 돈만 50억에 가까웠다. 개중에는 부모님의 퇴직금 4억 정도를 모두 그에게 보낸 사람도 있었다. 단 몇 개월간 20%의 수익을 약속했으니 모두 혹할 수밖에 없었다.

알고 보니 이번이 사기로 밝혀진 것은 처음이지만, 이런 형태로 투자금을 받아 유용한 것은 처음이 아니었고, 꽤 오랜 기간 그런 형태로 돈을 받아 수익금을 돌려주고 하다 보니 규모가 점점 커져 버리고 금액도 수십억 원에 이르게 된 것이다.

곪아서 터지기 직전에 내가 걸려든 것이다. 나와 지인들은 1억 가까운 돈을 그렇게 허망하게 날려버린 것이다. 지나고 나니 그것이 사기인 줄 알았지만, 당시엔 목표 수익률에만 관심이 있고 청사진만 보였기 때문에 이상하다는 생각을 하지 못했다. 수익금으로 어디로 여행을 갈까 행복회로만 돌리고 있었던 게 잘못이었다. 욕심에 빠져 위험성은 보지 못했다.

사기를 치던 그 친구의 특징을 보자면 몇 가지가 있었다.

1. 말할 때 눈빛이 계속 흔들렸다. 불안한 심리 상태였던 것이다.
2. 입금을 종용하고 계속 급하게 몰아붙였다. 지금 아니면 안 된다라는 얘기를 수시로 했다.
3. 본인의 건재함을 과시하거나 알리기 위해 과하게 돈을 쓰거나 부자인 척을 했다.

결국, 그 친구는 형사처분을 받아서 감옥에 갔다.

그 일을 도왔던 그의 부인도 함께 감옥에 갔지만, 아이를 양육해야 한다는 이유로 감형을 받았던 것으로 기억한다. K의 아버님이 지방에서 교회를 운영하며 목회 활동을 하신다며 본인을 믿어도 된다고 말하기도 했는데, 진짜 믿음을 주려고 했던 것인지 사기를 치기 위한 거짓말이었는지는 확인된 바 없다.

사기를 당하고 나서 후회해 봤지만, 소용이 없었다. 그것을 되찾기 위한 물리적, 시간적 노력은 더욱 사람을 힘들게 한다. 사기를 치는 사람이 가장 나쁘지만, 짧은 시간 쉽게 돈을 벌어보고자 하는 마음을 가졌던 내 잘못도 있었다.

그 선택 또한 내가 한 것이다.
판단은 후회하지만, 누굴 원망하지는 않는다.
매사에, 과한 욕심을 부리거나, 쉬운 길로 가는 것을 경계하라는 가르침이었다.
쉽지 않은 일이지만 가급적 실천하려고 노력 중이다.

과한 욕심이나 너무 쉬워 보이는 길은 의도치 않는 결과를 가져올 수 있으니 조심해야 한다.

간판 사업하며 한 푼 두 푼 모은 소중한 돈을 그렇게 허망하게 날려보니 욕심을 주의해야 한다는 것을 다시 한 번 깨달았다.

사기를 당하여 가지고 있는 모든 여윳돈을 잃고 난 뒤에는, 다시 겸허한 자세로 열심히 일해야만 했다. 다행히 여윳돈이었기에 사업에는 큰 지장은 없었지만, 마음의 상처는 컸다. 사람에 대해 의심하는 버릇이 생기기도 했고, 힘들여 번 돈을 그렇게 날려 버렸다는 것이 허망하기까지 했다. 아무리 여윳돈이라고 해도 그렇게 날려버릴 정도로 자산이 있는 상태가 아니라 더더욱 힘들었지만 잊기로 했다.

어차피 무일푼에서 시작한 사업이었으니, 새로 시작하는 마음으로 다시 일을 열심히 했다.

그나마 다행이었던 것은 큰 지식 없이 시작한 사업이 사람들에게 조금씩 알려지기 시작했다. 우리에게 작은 간판을 주문했던 사람들이 서비스에 만족하고 더 큰 간판을 주문했다. 그리고 주문했던 본인이 만족하다 보니 다른 사람들에게 소개를 해주기 시작했다. 광고도 거의 하지 않았는데도 새로운 일거리들이 들어왔다.

무척 신기했고 흥분되는 일이었다. 작은 일이지만 최선을 다해왔기에 나온 결과였다.

고객은 냉정하다. 작은 것 하나에 감동하고 작은 것 하나에 토라진다.
열 번 잘했어도 한 번 실수하면 발길을 돌린다.

'250명 법칙'이라고 들어본 적이 있는가? 미국의 전설적 영업사원 '조 지라드'의 책을 보면 한 사람의 뒤에는 250명이 있다고 한다. 한 사람의 고객에게 감동을 주면 그 뒤의 250명에게 영향을 줄 수 있고, 한 사람의 고객을 잃으면 그 뒤의 250명을 잃게 된다는 법칙이다. 과거 보험회사 다닐 때 받은 교육에서도 들었고, 책도 두세 번 읽었지만, 워낙 강하게 남아서 그 뒤로도 항상 그 점을 기억하고 놓치지 않으려고 했다.

사업 초기부터 나는 작은 것에도 소홀하지 않게 했다.

고객의 밤늦은 시간의 전화나 요구사항에도 불평하지 않고 그 요청사항을 잘 들어 줬다. 아무리 급한 일도 최대한 맞춰주려고 노력했다. 그 결과 고객이 고객을 소개하기 시작했고, 생각보다 빠르게 사업이 성장하기 시작했다. 뭘 알고 한 건 아니었다. 그냥 가슴이 시키는 대로 했다. 결국, 그것이 좋은 결과를 가져올 것을 믿었기 때문이다.

불평하지 말라.
당신의 생각이 항상 옳다고 주장하지 말라.
언제나 고객의 말에 귀 기울이고 역지사지하는 생각을 해야 한다.
그러면 반드시 사업은 성장하게 되어 있다.

과한 욕심은 결국 화를 부른다.

욕심 때문에 사기를 당했지만, 욕심을 버리고 기본에 충실하니 일이 다시 잘 풀리기 시작했다. 과한 욕심에 빠지지 않도록 자기 마음을 잘 다스리는 법을 평소에 연습해야 한다.

BRANDING

Part 5

당신의 간판은
돈을 벌어주고 있는가?

42

세계적인 인맥 비즈니스 모임에
가입하다

정신없이 사업을 키워나가고 있던 어느 날!

자동차 동호회 회원 한 분이 올린 사진 하나를 게시판에서 보았다.

고급스러운 분위기의 호텔에서 사업가들이 회의를 하는 사진이었다.

그게 뭐냐고 물어봤더니 조찬 비즈니스 모임이라고 했다. 어떤 모임인
지 궁금하다고 했더니 나를 한 번 초대해 준다고 했다. 그렇게 초대를 받
고 그다음 주에 모임이 열리는 호텔에 방문했다. 2013년 7월 경이었고,
모임 시간이 새벽 6시 30분이라고 했다.

매일 늦은 밤 잠자리에 들었기 때문에, 새벽 6시 30분은 일어나기에 상당히 어려운 시간이었다. 새벽에 일어나는 것이 무척 부담스러워 안 간다고 하고 싶었으나, 약속했으니 안 갈 수도 없었다.

초대받은 모임이 있기 전날은 긴장이 되어서 잠이 오질 않았다. 거의 뒤척이다 잠을 설치고 새벽 5시 전에 일어나서 나갈 준비를 했다. 새벽 6시가 되기도 전에 집을 나섰는데 한산할 것으로 생각했던 도로가 차로 가득했다. 거리에 차가 거의 없을 것이라 상상했던 내 생각은 완전히 틀리고 말았다.

난 혼잣말로 중얼거렸다.

"뭐야? 이 새벽에 차들이 왜 이렇게 많아?"
"세상에 왜 이렇게 열심히 사는 사람들이 많지?"

처음 느껴본 새벽 거리의 느낌은 상당히 충격적이었다. 나 혼자 너무 게으르게 사는 게 아닐까 생각했다. 어쨌든 긴장된 마음으로 약속 장소인 명동의 모 호텔에 도착했다. 주차를 마치고 올라가는데, 엘리베이터에서 어떤 여자 대표께서 말을 걸어왔다.

"오늘 처음 오셨어요?"

나는 그렇다고 대답했다. 그분이 친절하게 조찬 모임 행사장의 위치를 알려줘서 자리를 안내받을 수 있었다. 처음 보는 사람에게 편하게 얘기를 할 수 있을 정도로 그곳의 멤버들은 연습이 되어 있었다. 내가 도착한 시간인 6시 30분부터 오전 7시까지는 그곳에 미리 참석한 대표들과 명함을 나누며 인사를 하는 시간이었다.

사업을 10여 년 가까이 했으나 이런 비즈니스 모임에 참석했던 경험이 없었기 때문에 엄청나게 어색했다. 그렇지만 특유의 친화력을 가진 나는 겉으로는 편한 모습으로 다른 대표들과 인사할 수 있었다. 약 20여 명의 대표와 명함을 주고받으며 인사를 나눴다. 한 손에는 내 명함, 반대 손에는 받은 명함이 가득했다. 명함도 많고 인사를 한 사람도 많아서, 누가 누군지 모를 만큼 정신이 없었지만 일단 자리에 앉았다.

오전 일곱 시가 되니 정규 회의가 시작되었다. 모임의 의장이라는 분이 회의를 주관했다. 1시간 반 동안 회의가 진행되는데 그 방식이 아주 놀라웠다. 정해진 순서에 따라 매우 체계적으로 회의가 진행되었다. 각자 본인이 하는 사업을 다른 대표들께 설명하는 시간이 있는데, 내가 상당히 놀란 점은 한 사람 한 사람 발표를 깔끔하고, 세련되게 잘한다는 것이었다.

더욱 놀라운 것은 그곳에 모인 대표들의 전문 직업 분야가 모두 다르다는 것이었다. 다시 말해서 같은 분야의 대표는 단 한 명도 없었다. 그리고 일단 모임에 들어오면, 그 분야의 사업을 독점할 수 있었다.

매우 흥미로웠다. 회의 참여시 처음 드는 생각은, 내 앞에 있는 20여 명의 고객이 보였다. 이분들을 대상으로 영업해도 매출에 도움이 될 것 같은 생각이 들었다. 다양한 사업군이 이렇게 한자리에 모이기도 쉽지는 않았다.

의사, 변호사, 세무사, 노무사, 법무사 등등 전문직들도 있었고, 방송국 PD, 보석 디자이너, 온라인 홍보, 요식업, 파티쉐, 개그맨 출신 행사 진행자, 꽃집, 영상 전문가, 디자인 전문가, 보험업 등등 그야말로 다양한 대표들의 집합지였다.

다양한 분야가 모여서 서로 자기 일을 직접 홍보하는 것도 흥미로웠지만, 나중에는 누구에게 어떤 소개를 해줬는지까지 얘기하는 시간이 있었다. 매우 충격적이었다.

그렇게까지 적극적으로 누군가를 위해 도움을 주려고 노력하는 모임은 처음이었다.

모임의 첫 임팩트는 나의 뇌리에 매우 강하게 각인되었다.

회의가 끝나고 그 모임에 가입하고 싶어졌다.

그 모임에 가입하려는데 문제가 하나 있었다. 동종 업종이 겹치면 가입을 할 수가 없었다. 이미 간판업을 하고 계신 대표님이 계셨기 때문이다. 그런 이유로 아쉽게도 나는 가입을 할 수가 없었다.

상당히 신선하고 충격적이기까지 했지만, 그땐 내게 기회가 오지 않았다. 연회비가 있었는데도 비즈니스 모임 치고 한 달 투자비로는 얼마 안 되는 비용이라 판단해서 가입하고자 했지만, 한 업종당 한 사람만 가입이 허용되는 규정상 발걸음을 돌려야 했다. 다음 기회를 보기로 하고 회사로 돌아왔다.

그로부터 거의 일 년이 지난 시간이었다. 어느 날 하루에 세 통의 전화를 받게 되었는데 그 이유는 다음과 같다. 1년 전에 참관했던 비즈니스 모임에서 연락이 온 것이다.

그때 내가 가입하지 못한 바로 그 이유이기도 했던, 간판업을 하시는 대표님이 그 모임을 그만두셨다는 거다. 그분이 그만두심으로 인하여 내가 들어올 수 있는 자리가 났으니 이번 기회에 얼른 가입하라고 전화가 왔다. 여러 대표님이 동시에 전화를 걸어 온 것이다. 1년 정도가 지났지만 나를 기억하고 연락을 해줘서 너무나 감사했다.

그렇게 해서 나는 새로운 인맥 비즈니스 모임에 가입하게 되었다. 알고 보니 미국에서 1985년부터 시작된 모임이었다. 상당히 체계적인 비즈니스 시스템을 가진 모임이었다.

새롭게 가입한 그 모임의 이름은 BNI였다. BNI는 Business Network International의 약자이다. 세계적인 인프라를 가진 인맥 네트워크 조직이었다. 이미 국내에 도입된 지 몇 년이 되었고, 국내에 본격적인 활동이 시작되어 국내에 활동하는 멤버가 100여 명 정도 되던 때였다.

내성적이고 숫기가 없는 사람은 자신을 알리기 쉽지 않기 때문인데, 내가 가입한 이 모임은 태생부터가 달랐다. 남을 도와주기 위해 노력하면, 본인에게도 돌아온다는 생각의 모임이다.

내게 고향과도 같은 과거 위너스 챕터 회의 모습

여기에서는 무조건 타인을 도와주기 위해 애를 써야 하고, 동시에 자신이 하는 일을 정확하게 알려야 한다. 이 모임에서는 그것이 미덕이었다. 남을 위해 도움을 찾아주기 위하여 가장 노력하고, 또 자신을 가장 잘 어필하는 사람이 더 많은 소개를 받는다.

자! 생각해보자.

내가 타인들의 요청에 도움을 주기 위해서 노력하고, 그를 위한 소개를 찾아주기 위해서 발 벗고 나서는데, 계속 받기만 하는 사람은 없을 것이다. 한두 번 받을 수는 있지만, 계속 받다 보면 미안한 마음 때문이라도 나를 위한 소개를 찾기 위해 노력할 것이다.

그 정신이 바로 BNI 모임의 핵심 가치.

기버스 게인(Giver's gain), 즉 '주는 자가 받는다'라는 기본 철학에 밑바탕을 깔고 있다.

남을 위해 사업 소개를 찾아주는 일과, 자신을 어필하는 과정을 매주 새벽에 모여서 해야만 한다.

그 어떤 것도 꾸준한 만큼 효과적인 것은 없다.
매주 모여서 자신을 보여주는 이 짧은 시간이 모여서 결국 커다란 결과를 만들어 낸다.
역시 꾸준함과 반복만큼 힘을 가진 것은 없다.
BNI는 일명 비즈니스 사관학교였다.

나는 이 모임이 매우 흥미로웠고 주변에 있는 사업하는 사람들을 초대하기 시작했다.
내가 즐거우면 그 에너지가 상대에게 전달이 된다.
무엇이든 꾸준함을 이길 수 없다.

그 꾸준함을 만드는 것이 바로 흥미와 재미다.
재미가 있어야 꾸준하게 할 수 있다.
어떤 일이 힘들다면 그 안에서 재미를 찾아야 한다.
그 재미를 찾지 못하면 오래 할 수 없다.
오래 할 수 없으면 지치고 흥미를 잃을 수밖에 없다.
흥미를 잃게 되면 지속할 수 없다.
지속할 수 없으면 성공에 이르기 어렵다.
반드시 재미를 찾자.

그 재미를 통해 꾸준함을 지속한다면 반드시 성공에 한 걸음 다가갈 것이다.

새롭게 가입한 BNI는 내게 간판업 영업에 새로운 문을 열어줄 것이라 기대했다.

결국, 모든 일은 사람에게서 나온다는 사실을 믿고 있었기 때문이었다.

43

인맥 모임에서 세계 기록을
달성하며 벌어진 일

BRANDING

일주일에 한 번이지만 새벽에 일어나는 것은 여전히 쉽지 않았다. 그렇지만 그 어떤 모임보다 흥미롭고 재미있었다.

나는 재미있는 이 모임에 사람들을 매주 연속적으로 초대하고 있을 때였다. BNI 멤버로 가입하고 약 두 달 정도 지났을 즈음이었다. 이 모임의 한국 대표이사 존 윤 내셔널 디렉터가 나에게 면담을 요청해 왔다.

존 윤 대표는 미국 뉴욕주 변호사 자격도 가지고 있지만, 한국에 비즈니스 모임의 미래를 바꾸고자 하는 열망으로 BNI 한국 대표를 맡게 된 것이다. 당시 한국에는 약 100여 명의 멤버가 열심히 활동하고 있었고,

PART 5. 당신의 간판은 돈을 벌어주고 있는가? | 265

그 모임은 거의 강남 지역에서 진행이 되고 있었다.

BNI 멤버 100여 명은 모두 한 장소에서 함께 활동하는 것이 아니라, 당시에는 약 3개의 모임으로 나누어 활동하고 있었다. 일명 챕터라고 불리는 형태로 활동을 했는데, 쉽게 말해서 BNI라는 전체 비즈니스 모임을 하나의 학교로 보자면, 챕터는 반별 활동이라고 보면 된다. 각 챕터는 모이는 요일이 달랐고, 챕터마다 성격도 조금씩은 달랐다. 한국에서 모임이 결성된 지 몇 년 되지 않아서 챕터의 수나 멤버들의 수는 많지 않았다.

내가 활동하던 위너스 챕터라는 곳은 한국 내셔널 디렉터인 존 윤 대표가 직접 만든 첫 번째 챕터였고 그만큼 존 윤 대표는 남다른 애정을 품고 있었다. 당시 위너스 챕터의 멤버 수는 약 20명 남짓이었는데, 내가 두어 달간 새로운 사람들을 이 모임에 초대하여 보여주다 보니 가입하는 멤버가 점점 늘어나고 있었다. 이 모임에 초대된 사람을 비지터(Visitor)라 불렀고, 그가 흥미를 느끼고 모임에 가입하면 멤버가 된다.

이 소문이 퍼졌는지 BNI 한국 대표이사인 존 윤 대표와 면담을 하게 된 것이다. 그는 내게 이렇게 얘기를 시작했다.

"소문을 듣자 하니 비지터를 잘 모신다고 하던데 그 비결이 있습니까?"

내가 하는 일이 간판업이라 간판을 필요로 하는 다양한 분야의 사업가들을 만날 기회가 남들보다는 많은 편이었다. 그렇다 보니 만나는 분들께 내가 나가는 이 비즈니스 조찬 모임에 대해서 설명하고, 흥미가 있는 분들을 모실 뿐이었다. 나에게는 그게 어려운 일도 아니었고, 크게 부담스럽지도 않았다.

그런데 다른 대표들은 이렇게 조찬 모임에 비지터를 초대하는 것을 어려워한다고 했다. 그도 그럴 것이 모임의 시작이 새벽 6시 반이다 보니 새벽에 일어나서 이 모임에 참석한다는 것이, 초대하는 본인도 버거운 상황이라 다른 사람을 초청하여 모임을 보여주는 것에 대한 막연한 부담감을 가지고 있었다.

한번 생각해보자.

말하는 사람이 부담감을 가지고 얘기하면, 받아들이는 사람은 더 부담스럽지 않을까? 본인이 부담스럽게 느끼는데 받아들이는 사람 마음은 더 불편함을 느낄 수 있다. 나의 경우에는 내가 즐겁게 모임에 참여한다는 사실을 전달했고, 실제로도 많은 도움이 되고 있다는 것을 알려주니까 자연스럽게 초대가 되었다.

뭐든지 즐겁게 해야 한다.
그래야 보는 사람도 즐겁다.

그때 존 윤 대표가 나에게 뜻밖의 제안을 해왔다. 내가 비지터 초대를 연속으로 약 두어 달 정도 지속하고 있을 때였다. BNI 멤버 전체가 모이는 내셔널 컨퍼런스 기간이 몇 달 남지 않았는데, 그때까지 비지터 연속 초대 기록을 세워보자는 제안이었다.

별다른 목표가 없이 지내다가 내게 새로운 목표 하나가 생긴 것이었다. 속으로 생각했다.

'까짓것 한번 해보자!'

갑자기 부담감도 밀려왔다. 해보겠다고 말은 내뱉었으니 어떻게 해서든 지키고 싶었다.

그날부터 나의 새로운 도전이 시작되었다. 그러나 매주 새로운 비지터를 모시는 일은 쉬운 일이 아니었다. 아무리 비즈니스 모임이라 해도 새벽 시간에 흔쾌히 나올 만큼 열정적인 사업가를 찾기는 생각처럼 쉽지는 않았다. 모임에 대한 취지를 설명하면 한 번 나온다고 했다가도, 모임 바로 전날 마음이 바뀌어서 못 온다고 하는 사람도 많았다.

누가 뭐래도 나는 연속 비지터 초대 기록을 도전하고 있었다.

만약 모임에 한 명만 초대했다고 치자.

그 사람이 그날 못 나오게 되면 내 기록은 깨지는 것이었다.

연속 기록이라는 것은 참 부담스러운 일이었다.

단 한 주라도 끊어지게 되면 연속 초대 기록은 거기서 끝이었다.

보험회사에서는 3W 계약이 있다. 한 주(Week)에 3건의 계약을 연속으로 이어 나가는 성과 달성 방식이다. 보험설계사가 몇 주 동안 연속으로 3W를 했느냐에 따라 큰 명예와 시상을 받기도 한다. 매주 3건의 계약을 이어간다는 것은 무척 어려운 일이고, 그것을 달성하기 위해서는 끊임없이 고객들을 만나고 계획적으로 일을 해야만 한다.

나도 비지터 연속 초대 기록을 세우고 싶은 욕심에 작전을 바꾸기로 했다. 한 주에 한 명씩 초대하던 기존의 패턴에서, 한 주에 3명씩 초대를 하기 시작했다.

초대한 3명 다 못 나오는 상황은 거의 발생하지 않기 때문에, 적어도 2명 또는 한 명은 참석했다. 만약 이번 주에 아주 확실하게 나올 수 있는 분이 있다면, 그때는 한 명만 초대하기도 했다. 신경이 아주 많이 쓰이는 일이었다.

어떤 주는 참석하겠다는 사람들이 많이 몰릴 때도 있는데, 그때는 참석 예정자의 성향을 파악하여 그 주 말고 다음 주에 참석할 수 있도록 분배하기도 했다.

이런 노력을 기울인 결과는 대성공이었다.

한국 멤버 전체가 모이는 내셔널 컨퍼런스가 있었던 2015년 4월, 나는 26주 연속 비지터 초대 기록을 세우며 전 세계 28만 명 이상이 활동하는 BNI 비즈니스 인맥 조직에서 비지터 초대 부문 월드 레코드를 세우게 된다. 미국의 창립자 아이번 마이즈너 박사의 인증까지 받으며 내셔널 컨퍼런스에서 축하 무대에 설 수 있게 되었다.

월드 레코드를 수상하며 받은 꽃다발과 트로피 (시상자 : 임병을 디렉터)

이 내셔널 컨퍼런스를 계기로 나는 이 조직 BNI에서 유명해지게 되었다. 많은 사람이 내게 비지터 초대의 노하우를 얻고자 강연을 요청하게 되었고, 나는 전국적으로 명성을 얻게 되었다.

내가 활동하는 챕터를 넘어서 다른 챕터에 가서 나의 노하우를 알리며, 때로는 다른 챕터에 방문하여 나의 노하우를 공유하는 교육을 하는 위치에 서게 되었다. 당시 국내에서 활동하는 약 3~400명의 멤버가 거의 내 이름 석 자를 모두 알게 되었다.

그들은 모두 사업을 하는 대표들이었다.

그 대표들에게 내가 알려지다 보니 내 사업에 대한 홍보는 저절로 되었다. 내가 일하는 모습을 직접 보여준 적이 없었어도 그들은 나를 신뢰했다. 그동안 열정을 다해 보여준 내 모습에서 나를 신뢰하고 일을 소개해주기 시작했다. 놀라운 일이었다.

내가 보여준 모습이 나를 대변한다. 나는 행동으로 나를 보여줬고, 그들은 내가 보여준 모습을 믿고 신뢰했다.

생각만 하는 것은 필요 없다.

언제나 행동하는 것이 정답이다.

세계 최고의 비즈니스 인맥 모임 BNI에서 월드 레코드를 세우면서 더욱더 큰 깨달음을 얻게 된 것이다. 그 일을 계기로 나의 사업은 한 단계 더 도약하게 되었다. 나는 결국 BNI라는 비즈니스 인맥 모임에서 비지터 초대 분야의 명실상부한 간판스타가 되었다. BNI에서 나를 나타내는 간판은 인맥왕을 의미했다.

내 간판은 내가 만드는 것이다.

그 간판이 결과적으로 부와 명예를 가져온다.

44

회사 경영도 한 단계 업그레이드!
인재를 믿어라

BNI라는 모임을 나가면서 신기한 일이 벌어졌다.

이 모임에서 요구하는 몇 가지 규칙이 있는데, 그것을 잘 지키려면 많은 시간을 할애해야만 했다.

그 세 가지 규칙은 다음과 같다.

1. 엄격한 출석 규정
2. 서로의 사업을 일대일로 만나서 이야기하는 원투원 규정
3. 비지터를 초대하여 이 모임을 보여줘야 하는 규정

1. 매주 빠지지 않고 비즈니스 모임에 출석하는 것은 당연히 기본이었다. 정시에 나오고 빠지지 않아야 다른 대표들의 요청사항을 들을 수 있었고, 그 내용을 귀 기울여 들어야 그에 맞는 소개를 찾아 줄 수 있었다. 그래서 이 모임의 가장 기본은 출석이다.

출석이 또 왜 중요한지는 그 사람의 성실도에 대한 척도를 출석이라는 행위를 통해 가늠할 수 있다는 것이었다. 매번 지각과 결석을 반복한다면 그 사람의 성실도는 신뢰할 수 없었다. 왜냐하면, 멤버에 가입할 때 서로가 지키기로 했던 약속이었기 때문이다.

2. 서로가 1대1로 만나서 서로의 사업 얘기를 깊이 나누는 제도가 있다. 그 제도의 이름은 원투원이라고 하는데, 서로 시간을 합의하고 둘 중한 사람의 사무실에서 만나 두 시간 정도를 할애하며, 서로의 사업을 심도 있게 알아보는 시간을 가져야 했다.

서로의 시간 낭비를 줄이기 위해 정해진 질문지를 작성하고 얘기하는 시스템이라 매우 효과적이다. 이 단계를 거쳐야 서로 어떤 고객을 소개해 줘야 하는지 정확하게 알게 되는 것이다. 원투원은 이 비즈니스 프로그램의 꽃이었다. 이것을 진행해야 비로소 상대의 비즈니스에 대해 이해를 할 수 있었다.

3. 나처럼 사업가들을 이 모임에 초대하여 이 비즈니스 협업 공동체를 보여주는 일이었다. 이것은 내가 잘하고 있는 일이었기에 크게 부담이 없었다. 비지터 초대를 잘해야 모임의 크기가 성장하고 더 많은 소개가

나오기 때문에 아주 중요한 일이었다. 아이러니하게도 이 세 번째 의무를 많이 어려워하는데 실제로는 매우 중요한 일이다.

　이 세 가지를 기본적으로 잘해야 하고, 남들의 비즈니스를 찾아주는 노력까지 해야 하다 보니 사업할 시간이 부족했다. 사실 어떤 면에서는 짜증이 날 정도였다. 바쁜 시간을 쪼개서 대표들을 찾아다니며 만나야 했고, 그것은 내가 가진 절대 시간을 써야만 가능했기 때문이었다.
　실제로도 시간이 많이 소요되었고 나는 정말 일할 시간이 부족했다.

　나를 이 모임에 초대했던 이종민 대표님을 찾아가 따져 물었다.

　"사업할 시간도 부족한데 이 모임은 왜 이렇게 요구하는 게 많은가요? 이해를 못 하겠습니다!"

　그분이 미소 지으며 내게 이렇게 얘기했다.

　"대표님! 그게 사업하는 거예요!"

　이렇게 한마디 하시고 내 표정을 바라보았다.
　난 속으로 대답했다.

　'웃기고 있네. 말도 안 되는 소릴 하고 계시는군.'

그 표정을 읽었는지 조곤조곤 얘기를 이어 나갔는데 요약하자면 이렇다. 회사 영업을 위해 엉뚱한 곳에 가서 에너지를 쏟지 말고, 여기 모인 수백 명의 대표에게 본인의 사업을 정확히 알리고 다닌다면, 그 어떤 곳보다 효과적일 것이라고 내게 얘기했다. 곰곰이 생각해보니 틀린 말은 아니었다.

그날 이후 나는 여러 대표를 만나서 원투원이라는 수단을 통해 나를 홍보하기 시작했고, 그것을 실행하기 위해서는 어쩔 수 없이 회사를 자주 비울 수밖에 없었다. BNI라는 모임에 가입하기 전에는 나는 그때그때 닥치는 대로 일을 했던 경향이 있었다. 그리고 회사 일의 모든 결정은 나를 거쳐서 나가야 했다. 작은 일 하나에도 내가 신경을 썼고, 나는 그게 맞다고 생각했다. 그런데 내가 거의 매일 대표들을 만나서 이런 미팅을 하고 다니고 있자니 회사에서 할 결정들이 자꾸 늦어지고 있었다.

그건 안 될 일이었다.

나는 과감한 결정을 해야만 했다.

회사의 아주 중요한 사항을 빼고는 회사 인재들의 판단에 맡기기로 했다. 내가 가지고 있던 결정 권한을 넘기는 것은 처음에 쉽지 않았다.

불안했기 때문이다. 물리적으로 내게 주어진 시간과 공간의 한계는, 반강제적으로 내게 있던 결정 권한을 직원들에게 넘길 수밖에 없는 상황이 만들어지게 된 것이다.

결과는 놀라웠다.

직원들 스스로 책임감을 더 느끼고 일을 하기 시작했다. 나에게 의존하던 성향도 차츰 줄어들었다. 작업물의 퀄리티가 처음에는 못 미더운 수준이었는데, 차츰 눈에 띄게 좋아지기 시작했다. 직원들 스스로 능력을 극대화하고 자신들의 책임감하에 일하게 되면서, 회사는 내가 없어도 기본적으로 돌아가는 오토매틱 시스템으로 변화하기 시작했다.

사업 시작 10여 년 만에 나는 내가 모든 일을 처리해야 한다는 강박에서 벗어날 수 있었고, 무엇보다도 소중한 시간적인 자유를 얻게 되었다. 실로 회사 경영이 한 단계 업그레이드된 것이다.

아직도 작은 회사는 사장 1인 결정 체제로 돌아가는 곳이 많다.

결정에 대한 책임이 있기 때문이다.

모든 것을 본인이 결정해야 안심이 되기 때문이다.

그 강박에서 한번 벗어나 보기를 권한다.

처음엔 쉽지 않겠지만, 인재를 믿고 기다려 보라.

분명 한 단계 업그레이드된 자신과 회사를 만나게 될 것이다.

인재를 믿고 일을 맡겨라.

맡겼다면 후회하지 말라.

믿음을 준다면 스스로 자라날 것이다.

사업을 하는 대표들께 꼭 한번 드리고 싶은 조언이다.

45

모든 일은 사람에게서 나온다

사업가들의 모임 BNI는 정말 재미있었고, 나는 열정을 다하고 있었다. 내가 가입할 때 20명 초반이었던 멤버 수가, 나의 꾸준한 비지터 초대뿐 아니라, 챕터 구성원들의 노력이 함께 시너지로 작용하면서, 국내 최초로 멤버수 64명을 달성하게 되었다.

BNI 코리아가 설립된 이후 최초이자 최고의 챕터가 된 순간이었다. 한국의 내셔널 디렉터인 존 윤 대표께서 그날을 함께 기뻐하며 자축을 해주었고, 나는 당시에 의장이라는 역할을 하고 있었다.

2015년 한국 최초 60인 멤버를 돌파한 챕터가 되어 받은 액자

　나 혼자 잘해서 된 것은 아니었으나, 내가 반장 역할과도 같은 의장직을 수행할 때 이룬 성과라서 그 기쁨은 배가 되었다. 인생을 살면서 60명이 넘는 사업가들을 이끄는 대표자의 역할을 경험해본다는 것은 쉬운 일도 아니고 그야말로 특별한 일이었다. 리더십의 제대로 된 경험이 한 번도 없었던 내가 이 모임을 나가면서 자연스럽게 엄청난 성장을 한 것이다. 많은 멤버가 나를 신뢰하였고, 나도 그에 화답하기 위하여 정말 열심히 활동했다. 이렇게 열심히 활동하다 보니 멤버들을 통하여 많은 사업 소개가 들어왔다.

　내가 하는 일이 간판업이다 보니 각종 관련된 일에 대한 소개가 들어왔는데, 모든 일이 꼭 돈이 되는 것은 아니었다. 작은 일도 많았고, 실제로 노력보다 성과가 좋지 않은 일도 많았다. 작은 일이지만 BNI 멤버들이 소개해 준 일을 열심히 해결하고 있었는데, 어느 날 캐릭터 디자인 사업을 하시는 그린나라 대표께서 내게 한 가지 제안을 해왔다.

그린나라는 국내 최고의 캐릭터 디자인 전문 회사인데 서울시 해치, 삼성생명 비추미 캐릭터, 오리온 고래밥, 해태제과 홈런볼 등 유수의 캐릭터를 개발한 회사였다.

그 대표님께서 마침 국민대학교에 출강 중이셨고, 국민대학교와 성북구청, 그리고 서울시 신시장 사업단이 함께 정릉시장 현대화 프로젝트를 진행 중이었다. 그 프로젝트를 진행하다 보니 시장 내부의 오래된 간판을 모두 개선해야 하는데, 내가 그 사업을 함께 할 수 있겠냐는 것이다.

다양한 프로젝트를 수행하면서 노하우를 많이 습득했던 상태였기 때문에 당연히 나는 해낼 자신이 있었다.

내가 그동안 했었던 큰 프로젝트의 포트폴리오로 만들어 보여주고 자신감을 보여드렸더니, 결국 내가 정릉시장 개선 프로젝트에 간판 분야 사업자로 최종 참여하게 되었다.

단일 프로젝트지만 수 억 원의 예산으로 진행되는 일이었다.

내가 만일 혼자 이 사업권을 따내려고 했다면 거의 불가능했을 것이다. 수많은 인맥을 활용해서 담당자들을 만나야 했을 것이고, 나에 대한 신뢰를 심어주기 위해 또 노력을 기울여야 했을 것이고, 여러 가지 서류 작업 등과 관련된 수많은 증빙을 하느라 많은 시간을 허비해야 했을 것이다.

소개받은 정릉시장 현대화 프로젝트를 성공적으로 완수

그러나 이번 일은 달랐다. 모든 것이 신뢰 하나로 해결된 것이다.

그 대표님이 나에 대한 신뢰가 기본적으로 있었기에 가능한 일이었다.

나는 그 믿음에 보답하기 위해 열심히 일했고, 결과는 매우 성공적으로 마무리되었다.

지금도 정릉시장에 가보면 내가 만들었던 구조물과 간판들이 잘 사용되고 있으니 매우 뿌듯하고 보람 있는 일이었다.

이 프로젝트로 인하여 성북구청과의 협업으로 몇 개의 시장 프로젝트를 더 해나갈 수 있었으니 정말 감사한 일이었다.

사람에게 신뢰를 주고 그 신뢰 자본이 쌓이면 일은 저절로 진행된다.

그 신뢰 자본은 하루아침에 만들어지지 않고 퇴적층처럼 조금씩 쌓이게 된다. 그야말로 쌓는 시간은 오래 걸리지만, 반대로 무너지는 것은 한순간이다. 평소에 이 신뢰 자본을 잘 관리해야만 한다.

이것이 잘 쌓인 사람에게 일은 자연스럽게 연결된다.

신뢰를 잘 만들어왔던 인맥 관계가 아니었다면 이렇게 큰일이 내게 오기는 어려웠을 것이다.

신뢰 있는 행동으로 사람 사이의 관계를 잘 지켜나가자.

그것이 비즈니스에서든 사회생활에서든 모두 통용되는 공통 법칙인 것이다.

역시 모든 일은 사람에게서 나온다.

46

늦깎이 대학원생이 되어보니

BRANDING

정릉시장 프로젝트를 성공적으로 완수하고 나니, 국민대학교 담당 교수님께서 나의 커리어를 위해 석사 과정을 제안하셨다. 그렇지 않아도 공대를 졸업한 학력으로 디자인 회사를 운영하다 보니 마음속에는 나도 모르게 비전공자에 대한 자격지심이 있었던 모양이다. 교수님의 제안을 감사하게 생각하며, 이듬해 국민대학교 시각디자인 대학원에 입학하게 되었다.

대학원을 핑계 삼아 비즈니스 조찬모임 BNI는 잠시 그만두게 되었다.

2년 반 동안 쉬지 않고 달려온 비즈니스 모임이었다. 잠시 학교에 다니며 숨 고르기에 들어갔다.

새벽에 주기적으로 일어나는 일을 멈추니까 세상에 그렇게 편할 수가 없었다. 역시 난 새벽형 인간은 아니었나 보다.

대학원생 생활을 핑계로 비즈니스 모임을 그만두게 되었으니 내가 해야 할 것은 공부와 사업만 잘하면 되었다.

교수님은 나의 사업상 일정을 배려해주셔서 일주일에 하루 또는 이틀만 수업을 참가할 수 있게 해주셨고, 그 배려 덕분에 한 학기 동안 즐겁게 다시 학생의 신분으로 돌아갔다.

나이 차이가 스무 살 이상씩 나는 학생들과 어색한 동행이 시작되었는데, 일주일에 하루나 이틀만 학교에 나가다 보니 학생들과 좀처럼 친해질 기회를 만들기는 어려웠다.

정릉시장 프로젝트로 인해 알게 된 몇 학생들과 약간의 친분이 있을 뿐이었다.

사업 시작 후 다이나믹하고 스펙트럼이 많은 경험을 해왔던 내가 다시 학생이 되니까 그 조용한 분위기가 사실 잘 적응이 되지 않았다.

어쩌면 그동안 내 성향이 변해버린 것이다.

어렵게 들어간 그곳은 국내에서 인정받는 디자인 전문 대학원이었다.

엄청난 인재들도 많이 배출한 전통의 디자인 강자였던 전문 대학원이었으나 나는 결국 적응을 못 하고 하차를 결심했다.

디자인 대학원을 졸업하면 내 이력서에 자랑스러운 이력이 한 줄 더 늘어나겠지만, 그 이력서를 위하여 2년여의 세월을 투자하자니 사실 자신이 없었다. 나를 학교에 추천해주신 교수님께 죄송한 말씀을 남기고 학교를 그만두었다.

나의 바뀐 성향을 내가 파악하지 못하고 섣부르게 판단한 잘못이었다. 지금도 내게 좋은 제안을 해주신 교수님께 감사드리고 지금도 죄송한 마음 가득하다. 조금 더 철이 들면 다시 한 번 공부의 문을 두드리려 한다. 지금은 현업을 더 익힐 때였다. 한 학기 만에 끝나버린 나의 대학원 생활은 지금도 약간의 아쉬움으로 남는다.

사람이라면 해보고 실패했던 일에 대한 후회보다,
시도조차 해보지 못했던 일에 대한 후회가 많다.

비록 대학원을 무사히 끝마치고 석사로서의 마침표를 찍지는 못했지만, 그 분위기를 느꼈던 것만으로도 큰 의미가 있었다. 최소한 경험은 해봤으니 나중에 후회한다고 해도 그건 후회보다는 아쉬움일 것이다.

뭐든지 해보는 게 중요하다.
그래야 미련이 없다.

47

비트코인의 유혹,
1백만 원이 8천만 원이 되다니

우연한 계기로 남들보다 빨리 정보를 접한 것이 있었는데 그것은 바로 비트코인이었다. 그 개념도 생소하던 그때 비트코인의 가격이 100만 원 대였는데, 그 가격조차 사실은 이해하지 못할 말도 안 되는 금액이었다. 그러나 얼마 되지 않아서 갑자기 금액이 요동치며 급등하기 시작했다.

비트코인의 발행 수량은 정해져 있는데, 그 수량이 절반으로 줄어드는 반감기가 있다는 사실을 알게 되었다. 이 말도 안 되는 것을 사는 사람들이 있다는 것도 믿어지지 않았는데, 이것으로 또 새로운 투자를 하는 사람들이 많아지고 있었다. 개념도 이해하기 어려운 것에 사람들이 수천만 원씩 투자하고 있다는 것이 납득이 가지 않았지만, 호기심이 많았던 나는 일단 지인의 말을 믿고 조금 투자를 해보기로 했다.

비트코인은 실체가 있는 상품은 아니다. 상징적인 이미지로 쓰이는 사진

뭔가 알아야 나중에 후회든 실망이든 할 수 있을 것 같았다.

인생에서 해본 후회보다 해보지 않을 것에 대한 후회가 언제나 많다.

그 후회를 하지 않기 위하여 일단 도전을 감행하게 되었다.

비트코인을 거래하기 위해서는 해당 애플리케이션을 설치하고, 철저한 개인 인증을 거쳐, 개인 지갑을 만들고, 그곳에 현금을 입금한 뒤 시세에 따라 비트코인 등을 사면 되는 거였다.

실제 비트코인은 몇 가지 장점이 있기는 했는데, 친구 하나가 캐나다에 가족을 보내고 매달 생활비를 송금하고 있었는데, 그 송금 수수료가 만만치 않은 수준이었고 그 절차도 복잡했다. 이 친구가 비트코인을 알고 난 뒤로는 해외 가족에게 비트코인으로 송금을 하고 있었는데, 수수료가 훨씬 저렴하기도 했고, 캐나다 현지에서 출금할 때의 시세에 따라 송금한 돈보다 더 많은 돈을 찾기도 했다. 물론 때에 따라서는 손실을 보기도 했지만 말이다.

아무튼, 나는 약 1천만 원이란 돈을 비트코인 등에 투자했는데 모두 나름대로 알려진 코인에 대한 투자를 감행했다. 투자한 코인 일부는 그대로 놔뒀고, 또 일부는 또 다른 2차 투자를 진행했는데 예를 들면 펀드의 파생상품 같은 것이었다.

결론만 얘기하자면 2차 투자는 모두 사기와 같은 형태였고, 투자한 비용은 거의 사라졌다. 내가 선택한 것이었기에 뭐라 따질 수도 없었다. 그래도 비트코인 투자 금액의 일부였기에 망정이지 모두 2차 투자에 모두 넣었다면 소중한 돈을 모두 날릴 뻔했다.

2016년 말이 되자 비트코인 광풍이 대한민국을 휩쓸고 있었다. 내가 일부 손실을 보았지만, 여전히 남아 있었던 그 비트코인의 가격이 하늘을 모르고 치솟고 있었다. 1천만 원 투자에서 일부 손실을 보고 남아 있던 비트코인의 총 보유액이 순간 8천만 원을 돌파하면서 일단 원금으로 투자된 1천만 원을 회수하였다.

가격이 끝도 없이 오를 것으로 생각하여 그냥 원금만 회수하고 나머지는 보유하기로 마음을 먹었다. 역시 욕심이 과하면 화를 부른다. 끝없이 오를 것만 같던 코인의 가격이 전 세계적인 흐름을 타고 꺾이기 시작했는데 걷잡을 수 없었다. 뒤늦게 투자한 누군가는 90%까지 손실을 봤다고 전해진다. 난 그때 투자하고 남아 있는 코인은 지금 현재까지 아직도 보유 중이다. 왜냐하면, 원금을 회수했기 때문에 미련이 없기 때문이다.

몇 년이 지난 지금 다시 예전보다는 훨씬 가격이 올랐지만, 여전히 등락은 심한 편이다. 현재 보유하고 있는 코인의 가격은 처음 투자한 1천만 원보다 몇 배로 불어났지만, 더 이상의 추가 투자 또는 기존 코인을 사고파는 행위는 하고 있지 않다. 그냥 없는 것으로 생각하고 가끔 들여다볼 뿐이다.

욕심이 과하면 반드시 후회할 일이 생긴다.
본인의 노력 없이 얻어지는 것은 신기루에 불과하다.

한때의 호기심으로 시작했던 코인 투자는 다행히도 초기 투자에 성공하여 돈을 잃지는 않았지만, 뒤늦게 뛰어들어 이것으로 고통 받고 있는 많은 이들을 볼 때 안타까운 마음이 가득하다. 세상 모든 일은 본인의 선택으로 인해 흘러가는 것이고 그에 따른 책임도 본인이 지는 것이다. 너무 욕심을 내지 않도록 하자.

노력에 따른 결과는 반드시 있다는 것을 명심하고, 본인이 가능한 부분에 노력을 기울이는 삶을 살도록 하자. 비트코인 투자를 통해 배운 교훈이었다.

48

누구나 인정할 수밖에 없도록 살라

대학원을 다닌다는 이유로 그만두었던 비즈니스 조찬 모임 BNI에 다시 참여를 결심했다. 1년 반 정도 모임을 쉬다 보니까 사업가들을 만나며 열정을 불태우던 그때가 그리웠기 때문이다.

내가 원래 활동했던 챕터(학교로 보면 반의 의미)에 다시 들어가서 활동을 하고자 했다. 그러나 이미 그곳에는 내 전문 분야인 간판업 대표가 이미 활동을 하고 계셨기에, 업종 독점권을 가진 특성상 내가 그 챕터에 재가입을 하기는 불가능했다.

내가 다시 BNI에서 활동하려면 세 가지 방법이 있었다. 간판업을 하시는 그 대표님이 그만두시기를 기다리거나, 다른 챕터로 들어가거나, 새로 챕터를 만드는 방법이 있었다. 결국, 나는 새로 챕터를 만들기로 결심했다.

챕터를 만들기로 마음을 먹고 마음에 맞는 몇 명이 모여서 새로운 조찬 모임 멤버를 구성하기에 이르렀는데, 그 이름이 지금 활동하고 있는 BNI 더강남 챕터이다. 2018년 여름에 챕터 구성을 시작하여 겨울을 지나 이듬해 봄이 되면서 7개월 만에 챕터의 자격 사이즈인 25명의 다양한 멤버가 활동하는 더강남 챕터가 결성이 되었다.

약 7개월간 우여곡절이 많았으나 모임을 결성하고자 하는 대표들의 노력 끝에 얻어낸 결실이다. 새롭게 만들어진 신생 챕터인만큼 기존 활동하던 곳들보다 몇 배는 더 열심히 해야 했고, 그 이름을 알리고자 노력했다. 나 또한 그 전에 활동하는 것보다 훨씬 더 열정적으로 활동을 재개했다. 이 모임에는 6개월간 돌아가며 반장 같은 역할을 하는 의장 직함이 있는데, 그 역할을 1년간 수행하면서 안정적인 챕터를 만들려고 무척 노력했다.

나는 무슨 일이든지 맡으면 최선을 다하는 캐릭터였다. 각 챕터의 활동 상황을 점수로 환산하여 공개하는데, 단숨에 모든 지표를 상위권으로 만들어 놓았다. 챕터 활동 상황 전국 1등을 꽤 오랜 기간 달성을 했다. 모든 멤버들이 함께 힘을 모은 덕분이다.

　뭐든지 하면 제대로 해야 한다.
　어떤 활동을 지속하는 데는 필수요소가 재미 또는 흥미이다.
　흥미가 있어야만 지속할 수 있다는 생각은 변함이 없다.

　흥미를 지속시키는 요인은 여러 가지가 있지만, 그중 하나는 성과이다. 성과가 나기 시작하면 지속하는 힘이 생기고, 그 작은 성과들이 모여 성취를 이루고, 그 성취들이 모여 큰 성공을 이루는 것이다.

　내가 이 비즈니스 인맥 모임 BNI에 다시 참여하면서 게임의 룰을 바꿔나가고 있다. 이 조직에 들어온 뒤 내가 변화하고 멤버들의 마인드가 바뀌고 있기 때문이다. 내가 이 모임을 즐기며 활동하는 에너지가 다른 사람들에게 전달되기 때문이다.

　1년 반 동안의 쉼 후 다시 BNI에 합류하면서 내게는 큰 변화 세 가지가 생겼다.

　1. 그전보다 더욱 정돈된 말솜씨와 스피치 능력 향상.
　2. 나무보다 숲을 보듯이, 전체를 바라보는 자세를 가지게 된 것.
　3. 기존보다 매출 증가가 두드러지게 늘어나면서 멤버들에 대한 영향력 강화.

BNI 모임에 다시 합류하여 의장 역할을 역임

　내가 어떤 활동을 하면 그 긍정적 에너지가 타인에게 전달된다고 한다.

　다시 조직 활동을 재개하며 생긴 큰 변화이다.

　열정을 태우면 그 열정을 남들도 알아봐 준다.

　그것은 자연스러운 것이니까.

　무엇을 하든 열정을 불태워보자.

　나중에 후회하지 않도록….

대한민국에서 활동하는 BNI 멤버는 2022년 여름 기준 약 1,800여 명이 활동하고 있고,

전 세계적으로는 28만 명 이상이 활동하는 글로벌한 조직이다.

이 안에서 나는 6개월 반 동안 한 주도 쉬지 않고 26주 연속 비지터 초대를 하면서 세계 기록을 세운 바가 있고, 나를 통해 BNI에 가입한 멤버가 31명이 넘다 보니 이미 인정을 받고 있었다.

BNI에서는 초대를 통해 가입한 멤버의 수가 6명이 넘으면 골드클럽 멤버라고 하여 우대를 해주는 제도가 존재한다. 물론 그 어떤 금전적인 커미션이나 대가는 존재하지 않는다. 단지 그 노력에 대한 인정만을 해주는 것이다.

나는 24명의 멤버가 넘으면서 일반 골드멤버의 4배에 해당하는 4스타 골드멤버를 유지하고 있다가, 최근에도 꾸준히 열심히 비지터를 초대하다 보니 어느덧 나를 통해 가입한 멤버의 수가 30명을 넘어가게 되었다. 국내 최초로 5스타 골드멤버의 탄생과 더불어 가장 많은 멤버를 초대하여 가입시킨 멤버가 되었다.

이렇게 눈에 띄게 활동을 하다 보니, 전국 BNI 활동을 하는 대표 중 많은 분이 나를 먼저 알아봐 주시고, 본인의 챕터에 초대하여 비지터를 초대하는 노하우를 묻기도 했다. 이렇게 어떤 분야에서 누구나 인정할 수밖에 없는 수준까지 오게 되면 그 이후에는 나를 알리는 노력 없이도 저절로 알려지게 된다.

국내 최초, 최대 멤버 가입 기록을 축하받다

실제로 그 효과는 대단했다.

매달 수천만 원이 넘는 사업 소개가 나에게 들어오고 있는데, 내가 다른 곳에서 영업하는 것이 아닌 오직 이 BNI 조직 내에서 들어오는 소개만 이 정도이니 그 파급력은 대단했다.

정말 놀라운 일이다. 게다가 그 어떤 대가를 바라지 않고 이뤄지는 소개이다. 그리고 나는 이 사례를 또 각 챕터를 돌아다니며 실제로 소개하고 있다.

모든 일은 즐거워야 지속할 수 있다고 여러 차례 언급했다.

실제로 매출이 올라가고 나의 존재 자체가 존중을 받는 이런 느낌을 받는다면 그 누가 즐겁지 않겠는가?

어떤 사람들은 존재의 유무 자체가 드러나지 않게 조용히 있는 분들도 있고, 어떤 사람들은 누가 봐도 열정적으로 활동을 하는 사람들도 있다.

성향이 그렇지 못한 사람들도 분명 있을 것이다.

억지로 해서 되는 것이 아님을 잘 알고 있다.

그렇지만 최대한 노력을 해봐야 한다.

효과가 있는 것이 분명한데도 소극적인 자세로 임한다면 활동하지 않는 것만 못하다.

괜히 소중한 시간만 낭비하는 꼴이 될 수도 있다.

어떤 활동을 하더라도 누구나 인정할 수밖에 없도록 해보자.

비행기가 이륙할 때 연료의 상당 부분을 소비하듯이 처음에 쏟는 에너지의 양이 중요하다.

일단 이륙하면 순항하는 에너지는 많이 들지 않는다. 그 이치와 마찬가지다.

지금부터 다시 해보라.

누구라도 인정할 수 있도록 열정을 다해보라.

49

내가 가장 싫어했던
아침형 인간이 되어보니

예전 IT 회사에서 직장생활을 할 때 출근 시간이 10시 30분이었다. 그렇게 여유롭게 출근할 수 있는 시간임에도 아침잠이 많은 나는 꼭 몇 분씩 늦을 때가 많았다. 직장 상사에게 안 좋은 인식을 심어줬음은 물론이거니와 동료들이 보기에도 좋아 보이지 않았을 것이다. 그걸 알고 있음에도 잘못된 습관은 고쳐지지 않았다.

직장생활은 나와 맞지 않는 것 같았고, 사업을 우연히 시작하였지만 늦게 일어나는 습관을 고치지는 못했다. 고객들의 문의 전화가 오면 자연스레 일어날 수밖에 없었는데 난 그 정도로 아침잠이 많았다.

비즈니스 조찬 모임을 하게 되면서 내 생활은 조금씩 달라지기 시작했다. 많아야 일주일에 한두 번이었지만 그래도 새벽 기상이 아주 불가능한 것은 아니라고 생각했던 이유는 몇 년간 새벽 조찬 모임을 매주 나가면서 단 한 번도 지각이나 결석을 한 적이 없었기 때문이었다.

예전 직장생활 할 때와 달라진 것이라고는 나이가 좀 들었다는 것 말고는 없었는데, 마인드가 바뀐 것인지 모르지만 내 태도는 달라져 있었다. 태도가 달라지니 주변 사람들도 나를 성실하게 보기 시작했고, 성실한 인식을 주다 보니 신뢰감을 쌓을 수 있었다. 그 신뢰감이 일로 연결되었음은 물론이다.

물론 이때까지도 완벽한 아침형 인간은 아니었다. 새벽 조찬 모임이 없는 날에는 여전히 늦잠을 자는 날이 많았고, 주말 아침엔 침대와 한 몸이 되었다. 게으른 천성은 변한 게 별로 없었다.

사람은 누구나 똑같다. 서 있으면 앉고 싶고, 앉아 있으면 눕고 싶고, 누워 있으면 자고 싶은 게 사람의 심리다. 그 당연한 마음을 잘 달래서 이겨내는 사람이 성공한다.

그 마음을 잘 테스트할 수 있는 시간이 바로 새벽 기상이라고 할 수 있다. 나는 정식으로 작년부터 단 하루도 빠지지 않고 새벽 4시 50분에 기상하는 얼리버드 생활을 지속하고 있다. 이 습관을 처음에 몸에 익히기는 쉽지 않았으나 결국 내 것으로 만들었다.

내가 제일 싫어하는 새벽 기상을 습관으로 만들다니 도대체 무슨 이유가 있어서일까?

답은 간단하다.
내게 엄청난 이득을 가져다주었기 때문이다.
사람의 행동이 변하려면 그에 상응하는 대가가 따라야 한다.
새벽 기상을 습관으로 만들면 따라오는 이득이 매우 많다.
사실, 이 습관은 혼자 해내려면 매우 어렵다.
혼자 하기 어려운 습관은 함께하는 사람들이 있으면 좀 더 수월하다.
지켜보는 눈이 있기 때문이다.

빨리 가려면 혼자 가고, 멀리 가려면 함께 가라는 말이 있듯이 멀리 지속하려면 함께하는 동반자들이 있어야 한다.
나는 지금 그 동반자들과 함께 앞으로의 길을 열어나가고자 한다.
그 참여 방법은 책 끝머리에 소개하도록 하겠다.

50

얼리버드는 새로운 삶을 만들어낸다

새벽에 일찍 일어나는 얼리버드 습관을 지속하니 놀라운 일들이 벌어졌다.

첫 번째 놀라운 일.

아침마다 읽은 책이 40권이 넘었다.

새벽 5시부터 6시까지 단 한 시간 동안 읽은 책이 그렇다는 거다.

원래 나는 1년에 책을 한두 권도 잘 안 읽지 않는 독서를 싫어하는 사람이었다. 독서가 좋다는 것은 누구나 알지만 매일 바쁜 일상과 피곤함에 독서를 멀리했으며, 무엇보다 바빠서 책을 읽을 시간이 없다는 핑계를 대며 살아왔다. 그런데 얼리버드 참여 후 아침마다 졸린 눈을 비비며 읽기 시작한 책은 내게 새로운 영감을 많이 가져다주었다. 게다가 예전에는 책 선물이 제일 싫었는데, 요즘은 책 선물 해주시는 분들이 제일 좋다.

이만하면 완전 드라마틱한 변화가 아닌가?

두 번째 놀라운 일.

아침 운동을 시작하는 습관을 지니게 되었다.

짧은 시간이지만 매일 10분에서 15분 정도 맨손 운동을 꾸준히 하다 보니 몸에 근력이 꽤 강해졌고 더욱 건강해졌다. 실제로 매일 조금씩 하는 아침 운동의 효과는 엄청나다. 요즘엔 오히려 짧게나마 운동을 하지 않으면 몸에서 신호를 보낸다. 어서 움직이라고.

세 번째로 벌어진 가장 놀라운 일.

그것은 놀랍게도 책 쓰기를 시작하게 된 것이다.

이 책은 얼리버드 습관의 산물이다.

얼마나 놀라운 일인가?

일 년에 책 한 권 읽을 시간이 없다고 책을 멀리하던 나였다.

그런데 얼리버드 습관을 지닌 후 엄청난 변화들이 내게 생겼다.

의미 없이 보내던 저녁 시간도 없어졌다.

새벽 기상을 하기 위해서는 일찍 자야만 했다.

보통 10시 반에서 11시에는 잠자리에 들어야만 다음 날 아침에 무리 없이 기상할 수 있었다.

저녁에 TV나 유튜브 등을 보면서 늦게 잠자리에 들던 습관도 없어진 것이다.

새벽 기상은 그 전날 밤부터 만들어진다. 늦게 잠들면 새벽에 기상하기 어렵기 때문이다.

아침 일찍 일어나 책을 읽으며 글을 쓴다

작은 차이지만 큰 결과를 만들어 낸다.

얼리버드 습관을 들이고 함께하는 동반인들이 늘어나면서 완전히 새로운 삶으로 변화된 것이다.

지금 무엇인가 잘 풀리지 않는가?

하는 일이 어렵고 힘이 드는가?

새벽 기상에 도전해 보길 추천한다.

새벽은 고요하고 누구에게도 간섭받지 않는 유일한 나만의 시간이다.

내가 무엇을 하든 그 누구의 참견도 받을 필요가 없다.

이 새벽 시간을 활용하여 새로운 삶을 창조할 수 있다.

이 습관 하나가 나에게 부를 가져다줄 수도 있다.

새벽에 일어나는 모든 사람이 부자는 아니다.

그러나 부자들의 많은 비율이 새벽 기상과 독서를 습관화하고 있다.

하루를 남들보다 일찍 시작하고, 계획을 세우고, 작은 실천들을 해나가는 것. 부를 향한 첫걸음이자 미래의 나를 위한 투자이다.

자, 이제 새벽 얼리버드로 새로운 삶을 만들어보지 않겠는가?

51

지금 당장 행복해지자

인생을 살다 보면 항상 바쁘다.

바쁘다는 이유로 쳇바퀴 돌 듯 살아가기 마련이다.

그런데 한번 돌이켜보자.

내가 언제 행복했는가 생각해보면, 인생의 순간순간이 기억이 날 것이다. 원하는 것을 가지게 되었을 때, 어떤 성취를 이루었을 때 등등 다양할 것이다. 성취를 이룬 그 순간만큼은 그 무엇도 부럽지 않았을 것이다.

그런데 행복은 어떤 목표를 이룬 순간이었을까?

아니면 그 목표를 향해 달려가는 과정이었을까?

물론 둘 다였을 것이다.

저 멀리 어떤 지점을 정해놓고 그곳에 가면 행복이 있다고 생각하고 산다. 현재의 고통을 견디고 이겨내면 저 멀리 있는 행복이 나에게 올 것이라 믿는다. 그러나 행복은 그런 게 아니다. 본인이 원하는 것, 무엇을 하면 행복한가를 알고 있는가? 어떤 선택을 했을 때 본인이 행복한지를 알고 있는가? 내가 뭘 해야 행복한지 아는 게 먼저 중요하다.

그것은 본인과의 대화를 통해서만 그걸 알 수 있다. 본인과의 대화는 여행이나 명상 등을 통해 경험할 수 있는데 한번 시도해 보길 권한다. 자신이 뭘 해야 행복한 줄 알아야 올바른 선택을 할 수 있다.

요즘엔 많은 사람이 많은 스트레스를 안고 산다. 크기의 차이는 있지만 현대 사회에서 스트레스 없이 살아가는 것은 불가능하다. 그것을 잘 다루어야 인생에서 마주치는 괴로움을 효과적으로 대처할 수 있다.

인생을 행복하게 사는 방법을 하나 제안한다. 간단하다.

"지금 당장 행복해지는 선택을 하라!"

대신 다른 누구에게 피해를 주는 것은 안 된다.

온전히 자신의 선택으로 자신의 행복을 위한 것이어야 한다.

항상 지금의 고통을 견디며 멀리 있는 행복을 기다린다면, 그 인생은 항상 고통스러운 인생이 될 것이다. 내가 지금 하는 선택이 나를 가장 행복하게 하는 결정이라면 이 인생은 항상 행복할 수밖에 없을 것이다.

난 지금 그렇게 살고 있다.

'내가 지금 하는 선택이 정말 나를 행복하게 하는 것일까?'

이 질문의 답이 그렇지 않다고 하면 과감하게 포기하거나 결정을 하지 않는다. 만약 그 결정이 나를 행복하게 한다면 과감하게 진행하는 편이다. 그래서 난 항상 에너지 넘치고 행복한 삶을 살고 있다고 자부한다. 무일푼으로 시작한 사업의 초창기에는 당연히 힘은 들었지만 그게 불행하다고 생각하지는 않았다. 그리고 그것이 고통을 참고 견디는 것이라고 생각하지도 않았다. 일단 일이 재미있었고, 누군가가 나를 믿고 일을 준다는 것 자체가 행복했다. 힘들지만 재미있었고 그 자체로 행복했다. 극심한 스트레스를 받아가며 이뤄낸 성과가 아니다.

지금 당장 행복해지는 선택을 하라.
내 인생은 내 것이다.

52

당신의 간판은
돈을 벌어주고 있습니까?

당신이 가진 간판은 무엇인가?

학벌인가? 재산인가? 외모인가? 성품인가?

모든 사람이 자신의 간판, 즉 외부로 보이는 요인을 가지고 있다.

자신을 대표하는 이미지, 즉 자신이 가진 브랜드를 말하는 것이다.

난 내가 가진 간판을 이렇게 정의했다.

'나는 긍정적 에너지로 주변에 선한 영향력을 주는 간판을 가지고 있다!'

내가 가진 에너지로 다른 사람들이 영향을 받고, 그 영향이 또 다른 긍정적인 파급 효과를 가져온다고 믿기 때문이다. 그것이 내가 진행하는 사업에서 그랬고, 조찬 비즈니스 모임에서도 그랬으며, 얼리버드 새벽 기상에서도 그렇다.

내 SNS 계정인 페이스북이나 인스타그램에서도 내 긍정적인 에너지를 전달받고 마음을 새롭게 먹는 계기로 삼는다는 얘기를 종종 듣는다. 현대 사회에서 인간관계는 복잡하고, 혼자 살아갈 수도 없으며 항상 다른 누구와 연결이 되어 있다. 그리고 그들에 의해 영향을 받는다. 주변에 어떤 사람들이 있는지도 매우 중요하다. 서로 영향을 받기 때문이다.

긍정적인 사람들을 만나고, 에너지가 좋은 사람들을 만나고, 부지런하고 성실한 사람들을 만나려고 하는 것이 이것 때문이다.

독서 또한 그렇다. 시간적 공간적 제약을 넘어서 만날 수 있는 좋은 영향력을 받기에는 독서만큼 좋은 것이 없다.

좋은 기회가 가득한 세상이다.

당신이 가진 자원을 잘 활용하여 당신의 간판을 재정비하라.

그렇게 하면 사람과 부가 함께 따라올 것이다.

'당신의 간판은 돈을 벌어주고 있습니까?'

53

이제 다시 시작이다

작년에 유튜브를 잠시 시작했다가 지금은 잠시 쉬고 있다.

사람들에게 간판 지식을 좀 더 쉽게 알려주기 위하여 시작했었다.

그 이름은 〈간판 지식 알려주는 남자 – 간지남 간판〉이었다.

지금도 유튜브에 간지남 간판을 검색하면 내가 올려둔 몇 개의 영상이 뜬다.

뭔가 시작하면 항상 열심히 했었고, 어느 정도 성과를 냈었는데 유튜브는 지지부진했다.

혼자 기획하고, 촬영하고, 편집하고 모든 걸 혼자서 하다 보니 업로드가 쉽지 않았고, 한 달 두 달 미루다 보니 개점휴업이 된 것이다. 이제 구독자 몇백 명 정도….

물론 간판 관련 컨텐츠가 대박이 나지는 않겠지만, 사업을 새로 준비하는 사람들에게 꼭 필요한 간판에 대한 지식을 쉽게 알려주고 싶었다. 의욕은 좋았으나 바쁜 일상에서 꾸준히 컨텐츠를 올리지 못하다 보니 지속적인 열정을 태울 수 없었다.

그렇지만 포기를 하지는 않았다.

내가 포기하지 않으면 끝난 게 아니기 때문이다.

이제는 혼자 전전긍긍하기보다는 도움을 받아 함께 해보려고 한다.

다시 컨텐츠를 준비하고 다양한 시도를 해보려고 한다.

또 아는가? 머지않아 유명 유튜버가 되어 있을지도 모르지 않는가?

2023년부터는 내가 운영하는 회사도 새로운 도전을 맞이하고 있다.

바로 주 4일 근무제 도입이다. 쉽지는 않지만 불가능한 것도 아니다. 주중에 하루를 쉴 수 있다면 직장인으로서 삶의 질은 얼마나 좋아질 것인가? 임직원이 행복해야 회사가 잘되는 법이다. 결국, 사람이 전부이기 때문이다.

쉽지 않은 도전이지만 꼭 이루고 싶은 목표기도 하다.

나는 선포했고, 그 도전이 꼭 성공할 것이라 믿는다.

길다면 길고, 짧다면 짧은 내 지난 삶을 돌아보면 실패를 두려워하지 않는 도전의 연속이었다. 싫증을 잘 느끼는 성격 탓에, 오래 지속하지 못

DESIGN JOY

한 것들은 좋은 성과를 내지 못한 것도 많다. 하지만 결과가 날 때까지 꾸준하게 지속했던 것들은 꼭 성취를 이루었던 삶이었다.

지금 하고 있는 사업을 20여 년 가까이 지속했기에 좋은 성과를 내고 있고, 인맥 모임도 8년여 기간 동안 꾸준히 노력하니 당연히 좋은 결과를 가져오고 있으며, 작년부터 시작한 새벽 기상 얼리버드 습관도 평일 주말 할 것 없이 하루도 빠지지 않고 꾸준히 실천하다 보니 책 읽기, 몸만들기, 책 쓰기까지 많은 분야에서 엄청난 변화와 성과를 이뤄내고 있다. 역시 꾸준한 것을 이길 수 있는 것은 없다.

이미 늦었다고 생각하시는가?

모든 것에는 때가 있다.

내가 지금 새로운 전공을 찾아 대학교에 다시 다니기는 어려울 것이다.

불가능하지는 않지만 그러기에는 좀 늦은 감은 있다.

공부하는 학생의 경우 그때가 가장 공부하기 좋은 때라서 학생이란 신분이 있는 것이다.

직장인이라면 미래를 잘 계획하여 지금 하는 업무에서 성과를 내다 보면 또 길이 열릴 것이다.

어릴 때 그림 그리기를 좋아했던 것이 군에서 간판 경험으로 이어졌고, 전문대학 전자통신 분야 전공에서 간판의 전기를 이해하는 데 도움이 되었으며, 항공우주공학 전공 때의 공학적 지식이 간판의 안전한 구조를 설계하는 데 큰 도움이 되었다. 이처럼 그때 맞는 지식을 습득하는 것을 게을리하지 말아야 한다.

　나이에 맞는 일이 정해져 있는 것은 아닐지라도, 너무 과한 도전은 자칫 다른 일에 대한 재도전의 의지를 꺾을 수 있다. 그렇지만 해보지도 않고 늦었다고 포기하기에는 남은 인생이 너무 아깝지 않은가?

　지금 당장 눈에 보이는 성과가 나오지 않을 수 있다.
　그렇지만 도전해 보면 생각지 못한 곳에서 길이 열릴 것이다.

　내가 20대에 호주에서 28만 원으로 1년을 살아왔으며, 거의 빈손으로 결혼하여 사업을 일구고 지금까지 많은 분의 도움으로 지속해서 성장한 것은, 도전했기에 세상이 길을 열어주었다고 생각한다.

　도전은 누구에게나 쉽지 않고 두려울 것이다.
　모든 성공한 사람들은 기꺼이 그 두려움을 딛고 이겨낸 사람들이다.

　지금부터 다시 시작이다.
　도전을 두려워하지 말고 작은 것부터 시작해보자.
　나와 함께 도전의 길을 열어가실 분은 새벽 얼리버드로 오라.
　기꺼이 함께 그 길을 걸어갈 동료들을 만날 수 있을 것이다.

• 내 삶을 바꿔준 얼리버드 클럽 참여 방법

QR코드를 사용하여 오픈 카톡방에 접속하여 인사(상시 운영)
새벽마다 열리는 '줌' 영상회의 참석은 자유(새벽 5~6시 운영)
함께하기 때문에 오래 지속할 수 있는 동기 유발.

1. 새벽 4시50분에 'Zoom'이라는 영상회의 시스템에 접속
2. 서로 인사를 하고 10분간 아침 명상으로 신체를 깨우고 하루를 계획
3. 새벽 5시부터 한 시간 동안 카메라를 켜두고 본인이 하고 싶은 일을 함
   (카메라ON, 마이크OFF – 독서, 운동, 글쓰기 등 원하는 것을 하는 시간)
4. 오전 6시가 되면 서로 인사하고 접속을 종료, 하루의 시작

얼리버드 클럽 오픈카톡방

https://open.kakao.com/o/g2uGR6od

비번 : 1조벌기(를 영어로 치세요) --> 1whqjfr

에필로그

지금 당장 행복한 선택을 하라

　제대로 된 글쓰기를 해본 적은 없었다. 단지 취미를 위해 블로그나 SNS에 맛집 정보 또는 여행기를 썼던 것이 내가 그동안 해왔던 글쓰기 경험의 전부였다. 우연한 계기로 책을 쓰기 시작했으나, 이렇게 한 권의 책으로 만들어지기까지는 오랜 시간이 걸리지 않은 것을 보면, 짧은 글쓰기의 경험도 꽤 효과가 있었던 것 같다. 역시 인생에 쓸모없는 경험은 없음을 재확인했다.

　우리는 모두 각자가 다른 삶을 살고, 각자 다른 간판을 가지고 살아간다. 누구는 멋지게 살고, 누구는 남부럽지 않게 사는 것처럼 보이지만 실상 그 안을 들여다보면 무수한 고민을 가지고 있는 경우도 많다. 우리가 느끼지 못할 뿐이다.

　나를 남과 비교하는 순간 불행은 시작된다.

　내가 가진 나만의 간판으로도 얼마든지 행복한 삶을 살 수 있다.

　부자가 아니라서 불행한가?

　아직 성공하지 못했다고 불행한가?

　부자라고 꼭 행복한 것은 아니며, 가난하다고 꼭 불행한 것도 아니다.

행불행을 가르는 기준조차 자기 자신에게 있다.

이 책을 쓰는 동안 지난 30년을 되짚어보니 난 정말 순간순간을 즐기며 도전을 두려워하지 않았으며, 행복하게 살기 위해서 매 순간 노력했던 것을 알게 되었다.

그것은 지금도 마찬가지다.

누구에게나 공평하게 24시간이 주어지지만, 누구는 그 시간을 잘 활용하여 성장하고, 누구는 같은 시간이지만 의미 없이 보내기도 한다.

난 누구보다 열심히 살아왔다고 생각했다.

아니 즐겁게 살기 위해 노력했다고 볼 수 있다.

사람들은 누구나 열심히 산다.

열심히 보다는 행복한 선택을 계속하며 살아야 한다.

그게 싫증 내지 않고 오래도록 지속하는 힘이 된다.

이 책을 쓰는 동안에도 난 참 행복하고 즐거웠다.

즐거움이 나를 이끈 것이다.

지금 당장 행복해지는 선택을 하고, 내 삶의 주인이 되는 것.

이제라도 그런 삶을 누리시길 바란다.

내가 가진 간판은 나를 부와 행복으로 이끌 것인가?

그것은 당신의 선택에 달려 있다.

꿈을 꾸고 그리면 결국 이루게 되는 것이다.
세상의 모든 에너지가 그걸 이룰 수 있도록 도와준다.
꿈꾸는 걸 조심하라.
작은 꿈이든 큰 꿈이든 그대로 될 테니까!

지금 당장 행복해지는 선택을 하고,
내 삶의 주인이 되는 것.
이제라도 그런 삶을 누리시길 바란다.

내가 가진 간판은 나를 부와 행복으로 이끌 것인가?
그것은 당신의 선택에 달려 있다.